孟子思想的生死學議題

王玉玫 著

文 史 哲 學 集 成
文史哲出版社印行

國家圖書館出版品預行編目資料

孟子思想的生死學議題 / 王玉玫著. -- 初
版. -- 臺北市：文史哲，民 95
　　頁：　公分. (文史哲學集成；519)
　　參考書目：頁
　　ISBN 978-957-549-700-2 (平裝)

1. 儒家

121.2　　　　　　　　　　　　95021323

文史哲學集成　519

孟子思想的生死學議題

著　　　者：王　　　玉　　　玫
出 版 者：文　史　哲　出　版　社
http://www.lapen.com.tw
登記證字號：行政院新聞局版臺業字五三三七號
發 行 人：彭　　　正　　　雄
發 行 所：文　史　哲　出　版　社
印 刷 者：文　史　哲　出　版　社
臺北市羅斯福路一段七十二巷四號
郵政劃撥帳號：一六一八○一七五
電話886-2-23511028 ・ 傳真886-2-23965656

實價新臺幣二八○元

中華民國九十五年（2006）十二月初版

自　序

　　儒家思想本爲我國傳統的智慧，生死學則是根源於歐美社群的現代性知識，兩者間自有古今中外的差異，但如果能夠讓它們進行對談的話，這無論是從文化的交流或學術的互動來說，都莫不深具意義，並且專就交流與互動的雙方而言，也都是富有啓發性的，筆者即是根據這樣的動機，做出相關系列的探討，如今《孟子思想的生死學議題》這本書的發行面世，正是要向大家報告幾年來筆者這項研究的初步心得。

　　若就學界的實際情況看，歷來對於孟子思想的關注，大多是將焦點放在心性論和道德哲學的詮釋上，凡這方面的成效，從以前累積到了今天，自然是相當可觀，且在結論上也會有一定程度的共識，筆者在本書中，即合理地援引如此豐碩的既有績效，用以做爲後續對話的基礎。又生死學現今在國內已經不是陌生的名詞，當初將它引介進來並鋪陳完成其理論架構的，乃推傅偉勳先生，基於這個理由，本書中對於生死學核心觀念的理解和確認，例如實存主體、終極關懷、終極真實等等，也是以傅先生的見解和構想爲準據。筆者承認，自己並不是一個聰慧善巧的人，如今有幸能夠完成這本跨越孟子思想和現代生死學兩個學術領域的著作，這完全是得諸於長輩學人的薰陶和啓迪者，我將常懷感謝心，惟書中如有舛誤欠妥的地方，筆者仍應負絕對的責任。

　　孟子思想之做爲一種富實踐性的德慧術知，它之具足高明精深的人生哲理，應該毫無疑問；生死學則是一門帶著科際整合性

質的新興學門，它以任何人都不能或免的生死遭遇為討論對象，試圖能夠為人類提供實用性的關懷和策略。由上看來，兩者之間自將可以互通聲息並惺惺相惜，本書中的種種論述，全然是在說明這個可能，證成這個道理。筆者相信，本書中如此這般的努力，一方面固然可以為現代生死學找到它在本土文化中的可信賴地位，另方面則是讓孟子思想充分開顯它在當代知識新議題中的真實意義，而這種雙贏的開創，對作者自己來說，更是學問和修養上的共同獲益。

　　筆者原本是以歷史學為專業，十多年來在大專校院中所講授的課程，亦皆以中國近代史、中國現代史和台灣開發史等等科目為主，然而由於人生的遭遇轉折，使得筆者在痛切之餘，主動接觸到生死學的關懷領域，繼以《孟子生死慧之研究》為題獲得生死學的學位，且從此之後，得有機緣能在通識教學的「科技與人文」單元內，融入生死學方面的素材，並獲得肯定和回響，這本書其實就是筆者在這幾年的學位攻讀和教學相長的歷程中，一步一腳印戮力完成的。筆者之撰述本書，心境是既嚴肅且虔敬，思緒則力求其縝密周延，不過限於自身的才學疏陋，所以書中之不盡意、不中肯處終究無法避免，凡此則由衷地懇請各方家碩學們能夠不吝指正，筆者將虛心受教。最後願將此書呈獻給所有教導過我的師長前輩，還有我最親愛的家人。

孟子思想的生死學議題

目　　錄

第一章　緒　論

　　很久以來我們非常相信「人爲萬物之靈」，[1]大家對此亦沾沾自喜，然而近年來卻格外地出現了不一樣的意見，並且逐漸蔚爲風氣，這一種另類的聲音乃是根據眾生平等和尊重生命的原則，嚴肅地提醒世人：「人其實只不過是萬物之一而已。」很明顯地，像這樣不再以爲人類是大自然主宰者的呼籲，乃充分具足著「反人類中心主義」（anti-anthropocentrism）的思維傾向。然而，且不管我們是萬物之靈也罷，或是萬物之一也好，若撇開神話故事及宗教傳說不談，就實際的情況來看，任何人、任何一期壽命無可倖免地都是有限的存在，換句話說，自從我們呱呱落地之後，就開始走向死亡，並且最後註定都要接受死亡的事實。

　　正由於生命的誕生就同時帶來了死亡的宿命，所以生與死的意義及其何去何從、何將何迎無乃是所有人類休戚與共的大問題，此雖睥睨一世之豪傑或才情洋溢之墨客都不能或免，例如魏晉時代大書法家王羲之在他傳誦千古的〈蘭亭集序〉中，就曾經一如莊子之口吻而發出「死生亦大矣，豈不痛哉」的感慨，而這千年的沉痛到如今，我們依然強烈感受到。職是之故，歷代關心宇宙人生的哲學家們，無不對此人類的共同命運低迴不已、思索再三而留下許多發人深省的啓示，同時慈悲爲懷的宗教大德更是

1　《古文尙書・泰誓上》說：「惟天地，萬物父母。惟人，萬物之靈，亶聰明，作元后，元后作民父母。」《荀子・王制》說：「水火有氣而無生，草木有生而無知，禽獸有知而無義；人有氣、有生、有知、亦且有義，故最爲天下貴也。」

不讓哲人專美於前地對此蒼生之疾苦表現出最真切的關懷，並提供了種種的解脫之道和救贖之路，凡此不啻都是人類文化資產中，最彌足珍貴的精神食糧。

筆者本為後生晚輩，但每當面對這些豐富的精神食糧時，總不禁會油然生起先得我心的契合感和沛然莫之能禦的撼動性，這除了是由衷欽慕他們的德行人格以及為其創闢的見解所折服外，最主要的還是因為聖賢智者諸如此類的種種啟迪，已然強烈引發了我對自我之死生問題的切身之感而耿耿於懷，其中之犖犖大者有如：生命意義的理解與創造、理想人生的實踐與詮釋、圓滿歸趨的認同與貞定等等，於是筆者不敏，願將這分感同身受的心理化為理智探討的驅力，嘗試進行相關議題的研究。

第一節　研究的課題

在當代學人中對於生死議題的理論開拓，傅偉勳先生的啟示與貢獻是最值得大家注意的，他因為對這個議題的關懷最深和著墨最重，所以率先提出並努力建構了「生死學」（Life-and-Death Studies）的新學科和新內容，當然他的靈感和體驗也是自有其根據的。傅先生原先就是一位才氣縱橫又年少得志的知名大學教授，凡東方重實踐的儒釋道的思想以及西方長於思辨的哲學，他莫不學有專精而術有所長，傅先生後來所創述的「生死學」，即是在他這種通貫東西方智慧的學思背景下醞釀成形的，當然在這個過程中，傅先生也把他所親身經歷過之具體的生命經驗和生命情境完全融入在這裏面，畢竟生老病死的遭遇是每一個人都會發生、且必須面對承當的大事。

　　傅先生構思的「生死學」具有統整與實用的兩個特色。從學科的統整性來說，傅先生最早是試圖將「死亡學」（thanatology）、「精神醫學」（psychiatry）和「精神治療」（psychotherapy）三方面做結合，由是構想出了「臨終精神醫學」（thanatological psychiatry）和「臨終精神治療」（thanatological psychotherapy）兩個專有名詞和學問取向，事實上值此之際傅先生所研議的，乃是比較偏重於個人義或狹義之「生死學」，因爲這時候他強調了現代生死學最主要的研究內容與設想，應該是特別針對個人之死亡憂慮及瀕死痛苦等遭遇而發，其真正的目的則在使得個人皆可藉此而有效獲得同情地協助和心靈地慰藉，並實現生命的尊嚴與死亡的尊嚴者，傅先生是時亦曾數度公開形容如此這般之現代生死學亦可被稱之爲「臨終精神醫學與精神治療學」（thanatological psychiatry and psychotherapy）。[2]惟傅先生終究是位精益求精的深思之士，到了晚年他對原來構思的「生死學」又有不同的進展，他曾經形容自己如是的突破，乃已然超出過去所倡之較有個體死亡學（individual thanatology）偏重意味的生死學初步階段，後出轉精地進入了「生死學三部曲」的思維高階段，[3]「生死學」的英文名稱亦由原先的 thanatological psychiatry and psychotherapy，重新改爲 life-and-death studies，[4]如今筆者所將進行的研究，即是希

2　凡此諸義可參見：傅偉勳，《死亡的尊嚴與生命的尊嚴》，頁 12、頁 31、頁 176-177，台北，正中書局，1993 年。

3　此說及其內容首先批露在傅先生〈論人文社會科學的科際整合探索理念暨理路〉一文中，該文載於《佛光學年刊》第 1 期，頁 125-126，1996 年。

4　又傅先生所提倡之生死學其思路歷程和來龍去脈，鈕則誠先生亦有過扼要的報導，參見：鈕則誠〈從科學學觀點考察生死學與應用倫理學的關聯〉，登載於李瑞全主編，《倫理與生死：亞洲應用倫理學論集》，國立中央大學，1998 年。再者，蔡瑞霖先生亦曾提出 Biothanatology 做爲「生死學」的英譯，但它在學界並沒有引起太多的共鳴，而且也不十分流行，所以筆者亦不採焉。

望對傅先生最後所擬議出來的「生死學」，能夠深入其義境做恰如其分地了解和呼應。

本書以《孟子思想的生死學議題》為名，顧名思義，它是從孟子思想的考察中，確認其對「生死學」所將有的啓發和貢獻，這本書的完成，同時也是筆者數年來研修生死學和講授生死學之教學相長的結果。本書中有相當的材料與篇幅是以筆者未正式出版的舊作《孟子生死慧之研究》為根據，當然在本書的創述過程當中，筆者必然地又做了應該有的理論擴展和文字潤飾，所以儘管是以原有之著作做基礎，但無論是義理詮釋、題材設計以及架構組織等，都已經不可同日而語，其中最大的改變，包括〈第一章〉在研究方法的說明上做了更詳細的補充，還有〈第二章〉的標題已全然改異以求更符合形式及內容的一致性，此外為了突顯本研究的現代意義，又再加入新的一章予以討論。凡此不但使得本書在品質上比起舊作益為精緻周延，篇幅字數也增加了一半以上。

然誠如以上所述，《孟子思想的生死學議題》乃是以《孟子生死慧之研究》為藍本而發展來的，因此「生死慧」一詞仍將是全書中的一個核心概念。何謂「生死慧」？簡單地說，它就是「生死智慧」的省稱，亦即知生知死、善始善終的境界體現；「生死慧」當然包括了生活的智慧（living wisdom），並且就在生活的當下，同時也表現出超克死亡之恐懼的臨終的智慧（dying wisdom）；「生死慧」不僅是對於生死情境的認知而已，在性格上它無乃是重體認而多於言說者，所以屬於精神修養層次之實踐性的智慧，我們亦即可歸諸內容真理（intentional truth）之「生命的學問」。[5]若筆

蔡先生的譯名及理由見於蔡瑞霖《宗教哲學與生死學》（嘉義，南華管理學院，1999 年）一書中之〈自序〉。

5 牟宗三先生認為西方哲學是以知識為中心，中國傳統的儒釋道思想則是以生

者的研究之所以定調在孟子的「生死慧」，最先乃有感於孟子思想
人格的恢宏浩瀚，並深信他是在人生的淬鍊中實現他的偉大；後
來更意識到孟子在他人生淬鍊的經歷中，一定包含著他對生死議
題的考掘和領悟，這些成果當就是孟子所見證的生死智慧，其亦
將可爲後人立下典範，開導規矩。筆者即由此而觸動個人的學術
心靈，若全書的主要關懷，則試圖詮釋孟子的思想、彰顯孟子的
智慧並藉之呈現其對生死議題的啓示，以爲孟子思想在「生死學」
中找到一個合理的定位。

又「生死慧」固然是一個人云亦云之常識性的普通名詞，但
它亦可被視爲具學術意義的專門術語，事實上在不少學者的專門
著作或專題討論中它就時常被提及，例如唐君毅先生就曾分別講
過「人生之智慧」和「死之智慧」，[6]若蔡仁厚先生則直接合而言
之，像他曾說：

> 從儒家立場說，只有「生死」智慧，而沒有「死」的智慧。
> 因此，「死」不可以孤離地看。……「人生」的智慧亦同時
> 是「人死」的智慧。生與死不是相隔絕的，而是一條貫的。
> 故程明道云：「死之事即生是也，更無別理。」……「殺身
> 成仁」、「舍生取義」，在儒家是應然而必然的道德要求。這
> 一個要求，同時即是以心性論爲根基而透顯出來的「生死

命爲中心，前者所證成的是外延真理（extensional truth），後者則又可統稱之
爲「生命的學問」，其所證成的乃是內容真理（intentional truth）。參見：牟
宗三，《生命的學問》，頁 34-37，台北，三民書局，1968 年。

6 唐先生之人生系列的著作中每每盛論人生之智慧，此學者間早已耳熟能詳，
甚至在《人生之體驗》一書中他還特闢〈人生之智慧〉一章以申其義（參見：
唐君毅，《人生之體驗》，頁 34-38，台北，台灣學生書局，1982 年）「死亡之
智慧」則可見於唐君毅，《生命存在與心靈境界》下冊，頁 846，台北，台灣
學生書局，1977 年。

智慧」。[7]

　　除了蔡先生外，在傅偉勳先生的著作中它更是屢見不鮮，例如他說：

> 為了建立合乎多元開放性原則，且帶有日常實踐意義（即生死智慧）的現代生死學，我們必須站在宗教學、哲學、科學的科際整合立場，重新理解以生死的終極意義探索為本質的宗教的真諦。[8]

　　不但如此，傅先生還曾用它做為論文的題目名稱，像〈生死智慧與宗教解脫〉、[9]〈儒道佛三教合一的哲理探討 ── 心性體認本位的中國生死學與生死智慧〉等都是，[10]就因為有諸多學者在學術討論上的正式使用，所以本書當然有所依據地以此為論題之選定。

　　再者，從上述之傅先生的引文中我們還可以發現，生死慧與生死學雖然有其相互的影響，但終究有所區別，因為前者是偏實踐的、體認的印證，後者則是側重於理論的、認知的了解。對於這種不同，傅偉勳先生亦曾用「生命的學問」和「學問的生命」來形容，[11]並且又說：

> 如說狹義的現代生死學是生死智慧的理論指南，則現代人應

7　蔡仁厚，《孔孟荀哲學》，頁 280-281，台北，台灣學生書局，1984 年。

8　傅偉勳，《死亡的尊嚴與生命的尊嚴》，頁 185。

9　此文今收錄在傅偉勳《批判的繼承與創造的發展》，頁 187-196，台北，東大圖書公司，1986 年。

10　此文今收錄在傅偉勳《佛教思想的現代探索》，頁 175-194，台北，東大圖書公司，1995 年。

11　傅先生說：「『學問的生命』指涉純粹客觀的學術探討，焦點是在『學問』上面；不過『學問』畢竟，是我們人類的知性、理性所創，當然有其『生命』的發展。『生命的學問』則特指我們實存主體性的生命體驗與探索及其哲理深化，重點擺在『生命』上面；不過一但有了哲理深化，自然形成『學問』。」傅偉勳，《學問的生命與生命的學問》之〈自序〉，台北，正中書局，1994 年。

有的生活智慧可以說是，現代生死學在我們日常生活（以及任何生死關頭）的實際應用。……關於個別生死問題的學理指南，極有助於我們生死智慧的深化和豐富化；同時，我們在人生旅程上積累種種具體的生死體驗而逐漸形成的生死智慧，也能倒過來提供現代生死學許多寶貴的思維資糧。[12]

　　生死慧和生死學的差別，一言以蔽之就是知與行或理論與實踐在階段上的不同訴求。在本書中，筆者篤力探討的是如何透過理論的解析與建構，清楚且明確的將屬於實踐層面的孟子生死慧客觀化為一門可供學術研究與檢證的理論知識。換句話說，本書是採取知識的進路而全然將「孟子生死慧」外在化以成為可探討的一種理論而已，這全然歸諸於「學問的生命」或「生死學」之客觀認識的範圍，洵非個人特殊之「生命的學問」或「生死慧」的主觀感受，[13]因此乃名之為《孟子思想的生死學議題》。當然在本書中，筆者還可更進一步採取「生死學」的研究進路，致力在孟子生死慧的研究基礎上，探討孟子思想對當代生死議題所能提供的反省與回應之道，以期經由儒學的視角重新檢視在當代生死學議題的相關研究中所可能忽略、遺漏的片段，並加以補足。

第二節　研究的動機

　　筆者之所以會以《孟子思想的生死學議題》為研究的理由，

---

12 傅偉勳，《死亡的尊嚴與生命的尊嚴》，頁 228。
13 換言之，文中主要的目的其實是在企圖如實呈現孟子生死慧的或有或無、或彼或此、或得或失，至於我們是否應然地必須肯認孟子之生死慧而身體力行之，並以充分實現其理想而百折不回，則皆屬個人安身立命上的事，並非本書所欲代言之事。

基本上是因為向來即肯定傳統儒家思想對人生、人性、人倫、人道的貢獻，乃隨之而興發出知其然亦當知其所以然的學問興趣。孔子固曾說：「知之者不如好之者，好之者不如樂之者。」（《論語·雍也》）筆者亦相信儒家思想之做為生命的學問乃是以踐履篤實、純亦不已為不二法門，不過對儒學做知識性的理解和概念性的架構，從現代學術的形式與要求上來說，也是可以做、甚至是當務之急者，此誠如陳德和先生所言：

> 筆者深信儒學原本是成德之教而注重倫理的實踐，也了解
> 夕惕若厲、終日乾乾對儒者身心修養的重要，更明白本諸
> 「天行健，君子以自強不息」的創造性自覺，純亦不已地
> 去裁成輔相、富有日新，求其能夠完成參贊天地之化育的
> 人文理想，才是儒家最終極的目的。然而如果儒學的本質
> 並沒有否定知識、違反理智的話，那麼任何試圖以認知的
> 筆觸去勾勒出儒學的輪廓，絕對是可行且必要的，因為這
> 不但不失為「窮智以見德」的雅意，特別是在當今之對話
> 頻繁且已然資訊化的時代，尤為不能被忽略的工作。[14]

　　希望傳統儒家思想之能因為有現代化的形式表達而便於和中西方學問進行對話、溝通和互動，這是筆者在純學問的經營上一項自覺的擔當和濃厚的興趣，這也是本書的根源性動機之一。然而學海本無涯，其浩瀚無邊，任誰也沒有天大的本事能一口吸盡西江水，英國古典物理學家牛頓當年因發現地心引力原理而名重士林、聲噪一時，他也只謙虛地自比是在學術汪洋的海灘邊，偶然撿獲一貝殼而已，筆者本才疏學淺，儘管一心衷於儒學、嚮往儒學的現代化，亦僅僅能夠擇取某單一題，就一學科之畛域做

---

14 陳德和，《儒家思想的哲學詮釋》之〈自序〉，台北，洪葉文化事業有限公司，2003年。

相應的理解爬疏罷了，本書之試圖由孟子思想反思當代生死學議題，蓋有此自知之明也。

除了以上所言之根源性、一般性的研究動機外，筆者的問題意識還有來自傅先生的具體啟蒙者，主要是因為在他的著作中曾提過，就現代生死學所衷情的生死智慧而言，孟子思想在儒家、甚至是在中國哲學的傳統中，乃具有深刻的意義，傅先生說：

> 孟子千古不朽的哲學貢獻，是在對於儒家所建立的生死智
> 慧予以真常心性論的奠基。……孟子性善論本身已有傾向
> 突破道德實踐的局限性，而深化了儒家道德實踐為終極的
> 生死智慧……。儒家哲學的根本義諦亦在基於心性醒悟的
> 生死智慧；儒家道德實踐與涵養工夫的終極意義由此智慧
> 而得充分彰顯。孟子在〈告子篇〉所提出的捨生取義之說，
> 就可以依此看法重新發現其中深意。[15]

傅先生同時又指出，現代生死學與生死慧必須以心性體認為本位，孟子思想的本色正與此相呼應而能為它盡一分貢獻，所以他說：

> 中國儒道佛三家的生死學與生死智慧所以具有高度精神的
> 普遍性意義，乃是由於它們自始至終強調本心本性的自我
> 體認之故。……孟子之學……對於我們心性體認本位的現
> 代生死學理路開創，能夠提供不少有益的思維靈感。[16]

另外再引起我們注意的是，傅先生承認他所構想的現代生死學與生死慧，是受了維也納大學精神醫學暨神經學教授維克托‧傅朗克（Viktor E‧Frankl）之「意義治療學」（logotherapy）的理

---

15 傅偉勳，《批判的繼承與創造的發展》，頁 194。
16 傅偉勳，《死亡的尊嚴與生命的尊嚴》，頁 232。

論啓示，而這種理論有許多地方和孟子思想又是不謀而合的。[17]

　　從傅先生的種種表示中，我們已然可以理解，從現代生死學與生死慧的特色來看，孟子思想、尤其是他所突顯的生死學，確實具有相當的研討空間和對話可能而允許大家去努力一探究竟的。事實上學界中不曾先後出現過類似的著作，專書如鄭曉江先生《中國死亡智慧》中列有〈「殺身成仁」的智慧 —— 儒家死亡觀及死亡實踐〉，[18]馮滬祥先生《中西生死哲學》中列有〈儒家的生死觀〉，[19]期刊論文如羅秉祥〈儒家的生死價值與安樂死〉、[20]尉遲淦〈論儒家意義治療的兩重意義〉、[21]蕭宏恩〈由孔子之言天來看臨終關懷的生死情境〉，[22]這些成果在儒家生死學的開拓與建構上都有不可忽視的貢獻和啓發性，然而由於受到論題的限制終難免於遺珠之憾，尤其是對於孟子思想的生死學闡述無論是在質上或量上仍然有待持續地開發與充實，若筆者即願以本書論之嘗試爲續貂，以求拋磚引玉之效，並望師長前輩不吝賜教。

---

17 傅偉勳先生曾說：「傅朗克所說：『人生是一種課題任務或使命』的實存意義觀，十分契接孔孟以來儒家所體認的天命或正命，亦即『人生是天命所賦予的善性所不得不弘顯的道德使命』。而傅朗克通過實存的意義分析，勸導厭倦人生、意欲自殺的精神病症患者，重新發現並抉擇生活的積極意義，亦即脗合孟子『盡其道而死者正命也，桎梏死者非正命也』的說法。」傅偉勳，《死亡的尊嚴與生命的尊嚴》，頁 201。
18 參見：鄭曉江，《中國死亡智慧》，頁 16-46，台北，東大圖書公司，1994年。
19 參見：馮滬祥，《中西生死哲學》，頁 177-218，台北，博揚文化事業有限公司，2001 年。
20 羅秉祥，〈儒家的生死價值與安樂死〉，《中外醫學哲學雜誌》第 1 卷第 1 期，1998 年。
21 尉遲淦，〈論儒家意義治療的兩重意義〉，《應用倫理研究通訊》第 7 期，1998年。
22 蕭宏恩，〈由孔子之言天來看臨終關懷的生死情境〉，《輔仁大學哲學論集》第 36 期，2003 年。

第三節 研究的材料

本書既然以《孟子思想的生死學議題》為研究的課題，那麼在材料上當然必須具備兩大類：一是屬於生死學者，二是屬於孟子思想者，後者又可包括孟子本身的行誼以及他所留下的代表著作。在生死學方面，由於傅偉勳先生是此學科領域的提倡人，所以他的相關作品必然為筆者所蒐羅、閱讀並做為解讀孟子生死學時的藍圖和鎖鑰，事實上本書在篇章的訂定和處理上，即是依據傅先生所提之「現代生死學與生死智慧」的十大課題中，最核心之實存的主體、終極的關懷和終極的真實等三項而設計的，當然除了傅先生的著作外，凡與此三大課題有所關聯以及其他必備的周邊資料，也都是本書的重要參考。復就關於孟子思想研究的素材而言，《孟子》一書當然是最重要的文本，且對此文本的注譯和詮釋亦是我們最不能疏忽的，甚至由於孟子在儒家中的核心地位以致關於儒學的論述亦是筆者所不能輕忽者。惟諸如此類的專書期刊等，筆者不便在這個地方一一列舉，蓋本書最後所附「參考書目」中的全部文獻，都是本書中所曾介述或援引者，翻查即可知曉。

基於以上這個緣故，本節所謂的研究材料唯擇其扼要者而言，底下即基於知人論世的需要，特別針對孟子的學行事跡，以及他的代表著作，根據史籍記載予以歸納說明。

孟子名軻，戰國時鄒人，其傳記最早見於《史記‧孟子荀卿列傳》，惟這篇傳失之太簡，若近人錢穆先生所著《先秦諸子繫年》一書，其中則有較為詳盡和值得相信的辨證，但關於孟子的生卒

年，也無法得到確定的真象。錢先生根據他的研究，認爲：「孟子
生年，最早當在安王之十三年，最晚當在安王二十年。」[23]此亦
即公元前三八九年到前三八二年之間，國內研究孟子學說著有口
碑的黃俊傑先生則以爲公元前三七二年較有可能；[24]筆者以爲我
們大可根據《孟子》所載言論，推算其所屬年代，如孟子曾說：「由
孔子而來，至於今，百有餘歲。」〈盡心下〉，如此推算其生年當
在孔子歿（西元前四七九年）後百餘年，即當西元前三七九年之
後，由此論之，黃先生之說應該較有可能。復次，孟子那一年過
世，也是眾說紛紜，筆者仍依黃先生之意，將它定在公元前二八
九年，所以孟子一生總共活了八十四歲左右。[25]

　　《孟子》中載有孟子以士之禮葬父之事，因此家世應爲士階
級，其學術背景則和孔門關係密切，蓋早年即受學於孔子之孫（子
思）的門人。[26]孟子一生的形跡與孔子亦十分相似，先是設教授
徒，後來則周遊列國以仁義、王道遊說於諸侯，最後見道之不行，
晚年乃歸老於鄒，並與弟子萬章等講學著述。[27]孟子約處於戰國
時代中期，當時軍國主義盛行，諸侯間爭戰劇烈，社會秩序紛亂
不堪，傳統既已解體，新的秩序則尚待建立，值此上無道揆、下
無法守的年代，孟子乃對應時代的召喚，挺身以爲生民請命，他
力主「義利之辨」、「尊王賤霸」，以求撥亂反正、重振王道仁政的
理想。在思想文化上，孟子繼承了孔子以仁爲心的理念而提出人

23　錢穆，《先秦諸子繫年》，台北，東大圖書公司，1986年台北東初版，頁188。
24　黃俊傑，《孟子》，台北，東大圖書公司，1993年，頁270。
25　同前註所揭書，頁275。
26　《史記・孟子荀卿列傳》記：「孟軻，騶人也。受業子思之門人。」
27　《史記・孟子荀卿列傳》記：「當是之時，秦用商君，富國彊兵；楚、魏用
　　吳起，戰勝弱敵；齊威王、宣王用孫子、田忌之徒，而諸侯東面朝齊。天
　　下方務於合從連橫，以攻伐爲賢，而孟軻乃述唐、虞、三代之德，是以所
　　如者不合。退而與萬章之徒序詩書，述仲尼之意，作孟子七篇。」

性本善的主張，同時呼應了孔子踐仁以知天的德慧而開啓「盡心知性知天」的義理規模，至於他主張「以不忍人之心行不忍人之政」，和孔子所謂「脩身以安人」、「脩身以安百姓」也是一道而同風，顯示了儒家「內聖外王」的道德理想和事業。[28]

　　對孟子思想的研究，當然是以《孟子》七篇爲主要根據，惟《孟子》是否爲孟子所親著，歷來曾有三種不同的主張：（一）以《孟子》一書主要爲孟子所著，另有弟子協助以共同完成者，司馬遷即如是說，《史記‧孟子荀卿列傳》乃曰：「孟軻…退而與萬章之徒序詩書，述仲尼之意，作孟子七篇。」（二）以《孟子》爲孟子本人所親作者，東漢趙岐最早提出這種看法，他曾在《孟子注‧孟子題辭》中說：「（孟子）於是退而論集，所與高第弟子公孫丑、萬章之徒，難疑答問，又自撰其法度之言，著書七篇。」另外同時代的應劭在他的《風俗通‧窮通篇》中亦附和此說。（三）以《孟子》非孟軻所自著，乃其死後，由弟子萬章、公孫丑等人共同記述編輯而成者，此說以唐代的韓愈爲嚆矢，如他在答張籍的信中說到：「孟軻之書非軻自著。軻既沒，其徒萬章、公孫丑相與記軻所言焉耳。」除唐代韓愈外，其它像張籍、晁公武《郡齋讀書志》、林愼思《續孟子》皆持此論，近人梁啓超亦復如是，他在《飲冰室文集‧要籍解題及其讀法》說道：「細玩此書，蓋孟子門人萬章公孫丑等所追述，故所記二子問答之言最多，而二子在書中亦不以子稱也。其成書年代雖不可確指，然最早總在周赧王

28　「內聖外王」是《莊子‧天下篇》針對戰國時期百家爭鳴，道術分裂的處境，所提出應世的最高理想境界。「內聖外王」就其內涵而論，「內聖」是修身成德之學，「外王」是安立天下之道，這是中國人生哲學的特色之一。梁啓超在《莊子天下篇釋義》中，釋內聖外王云：「我國學術，與西人哲學，以愛智爲動機，以探索宇宙體相爲究竟者，判乎不同，我國學術在內而修己，外而安人，修己之謂內聖，安人之謂外王。」

十九年（西紀元前二九六）梁襄王卒之後，上距孔子卒一百八十餘年，下距秦皇并六國七十餘年也。」

筆者以為，這三種說法應以司馬遷之見較有可能，理由是他乃符於常理同時在歷史上已然獲得大多數人的認同，當然若就本研究的核心議題來說，《孟子》書的寫作者到底是那些人其實並不那麼重要，蓋無論如何都不能推翻《孟子》七篇乃孟子思想之記錄的事實。惟除此之外《孟子》文本另外有一事實乃不得不釐清者，此即是外四篇的真偽問題。

《史記・孟子荀卿列傳》只列出《孟子》七篇，但是在班固《漢書・藝文志》中卻著錄十一篇，比司馬遷所說者又多出四篇，趙岐〈孟子題辭〉亦主張七篇之說，但於敘述七篇之後又記曰：「又有外書四篇 —— 性善、辯文、說孝經、為政，其文不能弘深，不與內篇相似，似非孟子本真，後世依放而託之者也。」可見東漢時《孟子》確實是有十一篇。

外四篇在歷史中是何時消失，並沒有正確的記載，清朝周廣業在《孟子四考・逸文考》嘗推論：「蓋六朝尚存，唐初始逸耳。」又明代陳士元的《孟子雜記・逸文》曾輯錄秦漢史籍所載孟子佚文，內容都是現在的《孟子》七篇所不曾有的，另明末姚叔祥亦曾出示此外四篇，惟後來已遭學者洞悉其偽，梁啟超《飲冰室文集・漢書藝文志諸子略考釋》甚至說它是：「偽中出偽。」可見其杜撰手法之粗劣。若筆者則以為，外四篇已然不可知，所輯逸文又零落而不成篇章，所以我們在研究上自然可以不必加以考慮，至於 1973 年和 1993 年前後出土之帛書〈五行〉和竹簡〈五行〉，雖然已經被大多數的古文獻學家判定為思孟學派的作品，但大家亦只將它歸類在孟子一系的後續思想中，並承認它和《孟子》七

篇仍然有別，[29]因此本文亦難予將它列爲研究材料之一。

第四節　研究的方法

　　近年來，有越來越多研究中國哲學的研究者提出新的研究方法，以期使論文陳述更具檢證性。例如，有學者主張透過「文獻學方法」對文獻精確的分析，以解決思想史上的疑問。[30]也有學者認爲，文獻學方法過於注重字義，而使得許多結論過於一廂情願而流於猜測，以致於使得文獻本身的理論張力不足，因此主張採取「歷史研究法」。[31]然而，也有學者認爲，歷史研究法的弊端在於不同學者對於歷史的解讀不同，所造成的種種歧見。嚴重者，甚至會發生後世學者強加本身詮釋於古典文獻之上的困境。因此，有學者試圖在援引西方哲學研究方法時，重新對方法本身提出檢討與修正。例如，袁保新先生即在研究當代老子詮釋議題時，在此基礎上嘗試建立一套既能精準釐清老子哲學脈絡又能不失老子思想精髓的「創造性的詮釋研究法」。[32]此外，劉笑敢先生所提

---

29 黃俊傑先生對此有一完整的介紹，參見：黃俊傑，《孟學思想史論（卷二）》，頁 106-107，台北，中央研究院中國文哲研究所籌備處，1997 年。

30 例如，傅斯年先生即試圖以語言學的觀點處理思想史之問題，企圖藉由文字、訓詁、聲韻的紮實訓練，在辭章的考據之中，還原文句的本意，以解決思想史上的疑難爭端，達到「就其字義，疏爲理論」之效果。參見：傅斯年，〈性命古訓辨證〉，劉夢溪主編，《中國現代學術經典 —— 傅斯年卷》，頁 14，河北，河北教育出版社，1996 年。

31 例如，黃俊傑先生則指出，採取思想史研究進路者，多主張將文獻與其所產生的時代背景相結合，將文獻置於歷史或文化史脈絡中加以考察，探討其思想史的地位與意義。黃俊傑，《孟學思想史論（卷二）》，頁 39。

32 袁保新先生認爲，創造性詮釋研究，必須滿足下列條件：（1）一項合理的詮釋，其詮釋本身必須在邏輯上是一致的。（2）一項合理的詮釋必須能夠

出的「窮舉對比法」，³³以及日人佐藤將之所提的「概念重疊結構分析法」，³⁴都是中國哲學研究方法上的新嘗試。

還原到經典中，取得文獻的印證與支持，而其詮釋觀點籠罩的觀點愈廣，則詮釋就愈成功。（3）一項合理的詮釋應該儘可能運用經典本身無疑異的文獻來解釋有疑異的卓句，用清楚的概念來解釋不清楚的概念。（4）一項合理的詮釋應該將經典本身視爲思想上一致和諧的整體，避免將詮釋對象導入自相矛盾的立場。（5）一項合理的詮釋，必須一方面將詮釋主題置於他們隸屬的特定時代與文化背景來了解，但另一方面也要能夠抽繹出他不受時空侷限的思想觀念，而且儘可能的用現代語言與哲學經驗傳遞給讀者。（6）一項合理的詮釋，對其詮釋方法與原則應該有充分的意識，並願意透過其他詮釋系統的比對，調整修正其方法與原則。袁保新先生主張上述六點原則，是作爲一項合理的詮釋所必須具備的條件，也是學者將詮釋學方法應用於古典文獻之解讀時，所應該注意的事項。袁保新，《老子哲學之詮釋與重建》，頁 77，台北，文津出版社，1991 年。

33 劉笑敢先生指出，所謂「窮舉對比法」的步驟有二：（1）選擇同意關係比較明顯的原文逐條進行對比，盡可能的靠文本身說明問題，不完全靠我們的解釋說明問題。（2）盡可能的羅列出同意關係較爲明顯的全部原文資料，並對這些原文的條數進行統計比較，從而說明古書篇章間的相互聯繫和區別。這種論證方法旨在提高論證的客觀性，防止以偏蓋全的弊端。詳見：劉笑敢，《莊子哲學及其演變》，頁 60-61，北京，中國社會科學出版社，1993年。

34 所謂「概念重疊結構分析法」，佐藤將之以《荀子》和《韓非子》間的關係比較研究爲例，指出這個分析法的步驟是：（1）選出相關典籍中的主要概念。如「法」、「術」、「勢」、「正」、「理」等等。（2）列出使用這些概念之所有的文句，並且加以分析使用這些概念的主要文脈及其多面性意涵。重要的是，在進行分析的時候，也要注意此概念和其他概念的關係。譬如，在《韓非子》中，「法」概念和「術」概念是否獨立出現，或是在一個陳述中有相互補充的關係？（從這段分析我們可以知道韓非把這些概念統合於自己的理論層次）《韓非子》在討論道德概念時，是否真正排斥「仁」、「義」等道德概念？（從這段分析我們可以知道韓非所真正批評的對象是道德概念本身還是儒者的僞善）等等。經過對於將近二十個概念的分析後，主要概念之間的多層結構關係（甲概念的功能是乙概念的前提、手段、對立、互補等等）將浮現。這分析方法之所以稱爲「概念重疊結構分析法」的理由即在此。（3）一部文獻中的概念與概念之間的結構關係，在與其他的文獻中的結構關係比較之下，其特色更爲明顯。尤其，我們仔細分析在《荀子》和《韓非子》中共同出現的概念（如「正」、「公」、「理」）之用法、文脈，以及意涵，而查清荀子和韓非從戰國中晚期這些普遍概念引進的方式之異同。（4）把比較的範圍擴大到《荀》、《韓》與其他文獻的關係，如《商

　　然而，誠如勞思光先生所指出，在哲學中，所謂「方法」的原始意義，乃在於指建立知識的程序及所涉的規則。但若論及「中國哲學的方法論」時，所指者又可包含研究中國哲學所用的方法問題及其解答，以及對中國以往哲學家所建立理論時所用之方法的了解與評估。[35]不論是探上述那一種觀點討論中國哲學方法，都不是取「方法」的原始意義，亦即不是試圖建立一種知識的程序，而是取方法的引申義，將方法視為達到某種研究成果的過程或步驟。也因此，論文方法不在於界定推論過程的真假值，而在於涉及討論效力的問題。換言之，研究方法本是研究者為達到研究目的、實現有效的研究成果所務必仰賴的工具，但方法雖能影響內容，卻不等同於內容，且從研究方法本身來說，它其實沒有對錯可言，而是端看使用者是否基於恰當的選擇、並讓其所選擇的方法在前後不相矛盾的情形下有效的操作，最後確實發揮最大的功能，所以高柏園先生曾說方法所具有的乃是：一致性原則、相對性原則、實用性原則、工具性原則和中立性原則。[36]因為研究方法有別於研究內容但又攸關一個研究行為的成功與否，所以特闢本節予以說明之。

　　牟宗三先生在講述中國哲學時曾經提出，要去判斷一個人對儒學是不是具有相應的理解，至少有三個檢測的標準：文字、邏

君書》、《慎子》、《管子》等等。詳見：佐藤將之，《先秦儒、法政治理論的綜合與分歧之研究：以荀子與韓非為中心》，台北，行政院國家科學委員會專題研究計畫成果報告書，2003 年。

35　勞思光，〈哲學方法與哲學功能：序馮著《中國哲學的方法論問題》〉，馮耀明，《中國哲學的方法論問題》，頁 1，台北，允晨文化實業股份有限公司，1989 年。

36　參見：王邦雄等編著，《中國哲學史》，頁 14-15，台北，國立空中大學，1998 年。

輯和見地（insight），[37]也就是說：要能合乎文獻的要求、要能一以貫之地系統論述以及要能做原創性的發現。牟先生的意見筆者完全同意，他所楬櫫的三個標準，我們也可以把它當做學術研究的範例來看，並進而去思索它的成功之道。筆者認為以第一項文字來說，它要求的是不能違背文本在字句上的表面意義，這至少需要文獻學（包括語言學）和發生學的方法，其中文獻學的方法除了是章句訓詁外，另外還得加上版本目錄、斠讎勘訂、文法修辭等等的技巧運用，至於發生學的方法則是重點在思想史與觀念史的基源釐清和發展考察，目的則在發現概念內容的傳承轉化以及思想在社會條件、歷史條件的影響下所產生的因革損益；第二項邏輯則是就論述形式上必須具有周延性、系統性、整體性和一致性來說，它小自於概念的規定、命題的成立、推理的進行都必須留意其是否合乎思維的法則性，大到篇章結構、段落分合、義理展露亦必須統之有宗、會之有元，而且要環環相扣能夠相互發明，這當然少不了一般地邏輯學和文章學的根據，必要時更應該加上英美分析哲學所擅長的語意分析方法；第三項見地尤其不容易，它要的是能別開生面、新發議論，為達到這項目的，我們就得在前面所提過的方法之外，另外找尋其他的可能，針對此本節在下文將再做說明。

　　三個標準所帶出的方法需求蓋有如上述之多元與複雜者，且筆者若期待本書不致於過分違反此三大標準，顯然在諸如此類的方法上都必須面面俱到，這當然大大有賴於各種資源的運用了，例如歷代關於孟子文本的注釋解讀之書，將做為本書文獻學方面的依據，又如前輩學人之各種中國思想史、中國哲學史的論述，

37　牟宗三，《中國哲學十九講》，頁 70，台北，台灣學生書局，1983 年。

亦將提供本書發生學方面的參考，而邏輯上的演繹歸納、分析整合、系統分析則是筆者時時不可掉以輕心者，至於見地的提出，筆者以爲傅偉勳先生所擬構的「創造的詮釋學」（creative hermeneutics），[38]是一個頗具啓發性的新猷。傅先生對此方法有如下的說明：

> 作爲一般方法論模型的創造的詮釋學，分成五個辯證的層
> 次：「實謂」、「意謂」、「蘊謂」、「當謂」與「創謂」（原作

---

38 近幾十年來，詮釋學研究法對於當代學界之影響十分深遠。詮釋學最早原只關注於如何釋放出聖經中所隱含的旨義，所以等同於解經學，後來卻廣泛地爲人文學界所運用。在詮釋學的發展中，施萊爾馬赫（Friedrich Daniel Ernst Schleiermacher 1768-1834）關於文本和言語之間的理解和表述，標示著在現代意義上做爲科學方法論的詮釋學的開始。這種對方法論的重視在十九世紀的歷史主義中得到繼續發展，並且在狄爾泰（Whilhelm Dilthey 1833-1911）之全心將詮釋理論視爲人文學科之基礎的努力下而達到另一個頂峰。繼之到了二十世紀的德國哲學中，詮釋學終於發展成爲一種影響深遠的哲學觀。在詮釋學中有兩種對立的觀點：第一種由狄爾泰提出，他把詮釋看作人文科學和歷史的方法；而第二種由海德格（Martin Heidegger 1889-1976）提出，他把詮釋學視爲「本體現象」，一種詮釋者與作爲被理解的歷史之一部分的文體之間的相互作用。爲理解作者或原作者的「真正」意圖提供規則或標準，是第一種詮釋學的典型問題。詮釋的規律爲第二種觀點提供了範例，因爲運用定律的過程必然改變它。就一般而言，詮釋學是對這一過程和其可能性條件的分析。它特別把重點放在對古代文本、久遠的人物和案例的詮釋上。在當代詮釋學的發展中，德國哲學家漢·喬治·高達美（Hans-Georg Gadamer 1900-2002）是不可忽略的人物，他把詮釋學循環這一概念推向了極端化，即把它視爲一切知識和活動的特徵。詮釋學從此不再是人文科學的方法，而具有了「普遍性」，詮釋也就成了所有人類認知有限而特定之特徵的一部分。「哲學詮釋學」因此批判在認識論上笛卡兒（René Descartes 1596-1650）式的基礎主義，和在倫理學上的啓蒙普遍主義，把科學視爲一種文化實踐，把偏見（或前見）視爲在一切判斷中不可排除的東西。從積極的意義上看，它強調作爲繼續著的歷史傳統和開放性對話的理解，其中，偏見受到了挑戰，而視野則得到了擴大。對於如何將詮釋學方法應用於中國古典文獻的理解上，傅偉勳先生提出的「創造的詮釋學」可以說是爲當代中國哲學界表達了示範性的說明。關於「詮釋學」的來龍去脈，可參見：Robert Audi 主編、林正弘中文版審訂、王思迅主編，《劍橋哲學辭典》，頁 514，台北，貓頭鷹出版社，2002 年。

「必謂」）。[39]在「實謂」層次，我們探問：「原作者（或原典）實際上說了什麼？」，基本上關涉到原典校勘、版本考證與比較等等校讎學課題。在「意謂」層次，我們改問：「原作者（或原典）想要表達什麼，他的真正意思是什麼？」我們於此層次，通過語意澄清、脈絡考察、邏輯分析、傳記研究等等，設法儘量「如實客觀地」理解詮釋原典的內在意義或原作者所意向著的原原本本的意思。……在「蘊謂」層次，我們便進一步探問：「原作者可能想說什麼？」或「原典可能蘊涵那些意思意義？」這就涉及種種思想史的理路線索、語言表達的歷史積澱累積、已出現過的種種（較為重要的）原典詮釋、原思想家與後代繼承者之間的前後思維聯貫性的多面探討等等。……在「當謂」層次，我們還得更深一層地發問：「原作者（本來）應該指謂什麼，意謂什麼？」（或不如說「我們詮釋者應該為原作者說出什麼？」）於此第四層次，我們必須設法在原作者教義的表面結構底下探查掘發（原作者自己也看不出來的）深層結構，據此批判地考察在「蘊謂」層次所找到的種種可能義蘊或根本義理出來。……到了最高的「創謂」層次，創造的詮釋者必須發問：「為了救活原有思想，或為了突破性的理路創新，我必須踐行什麼，創造地表達什麼？」第四層次與第五層次的基本分辨是在，前者只要「講活」原典或原有思想，停留在「批判的繼承」（繼往）階段；後者則要「救活」原典或原有思想，批判地超克原思想家的教義侷限性或內在

39　傅偉勳原將所擬構的「創造的詮釋學」的第五個層次稱作「必謂」，後來根據劉述先教授的建議改為「創謂」。傅偉勳《學問的生命與生命的學問》，頁239。

難題，而為原思想家解決他所留下未能完成的思想課題，亦即「創造的發展」（開來）。[40]

其實傅先生創造詮釋學的前三個層次和文獻學、發生學的性質與目標幾乎是一樣的，最後之「當謂」與「創謂」才是真正的精髓所在，牟先生所認可的見地，也應該以此為訴求，且顯然地，創造的詮釋學中之第四、第五層次，皆不能不以前面三個層次為基礎，這和牟先生之先文字後見地的次序，亦慧眼相似而有異曲同工之妙。

「當謂」與「創謂」依傅先生的意思，目的是在「講活」、「救活」原先的思想，讓它的義理生命永不止息，換句話說，就是要讓原先的思想能夠永遠具有當代的意義，[41]苟如是的話，用當代的課題去面對原來的思想，使其藉由當代的對話而逼醒自己，進而充分實現其潛德之幽光，就是創造的詮釋學所能提供之最好的思維方法，本研究於是試想以現代生死學的重要課題，即：實存主體是什麼？終極關懷是什麼？終極境界是什麼？分別向孟子思想提出質詢，希望由此對話而能興發出孟子生死慧的豐富義理，並進一步經由此義理之發皇與貞定，對時下備為重視的生命教育、情緒管理和安寧療護等的理論及其實踐，抒發其可能的啟發和應有的貢獻，此不管相對於原先的孟子文本或孟子思想而言，相信即屬「講活」、「救活」的表現，這亦當就是一種創造的詮釋。

---

40 傅偉勳，〈現代儒學的詮釋學暨思維方法論建立課題 —— 從當代德法詮釋學爭論談起〉，江日新主編，《中西哲學的會面與對話》，頁 134-135，台北，文津出版社，1984 年。

41 對此高柏園先生做了如下的說明：「所謂詮釋，其基本的意義，就是吾人根據自我的生命歷史，透過客觀的方法操作，而對詮釋對象加以認識了解，並進而對詮釋對象的意義加以掘發與建構。」高柏園，《中庸形上思想》，頁 50，台北，東大圖書公司，1988 年。

第二章　孟子生死慧的實存主體

　　孟子生死學是以其生死慧爲基礎所開展的學理論述，而生死慧是由修養或修行中所體貼得來之實踐的智慧（wisdom of practice），這種智慧因爲能夠讓我們展現出生命的尊嚴與死亡的尊嚴，所以稱它做生死慧。其實生死慧一方面固然是決定了我們一生的品質和意義，但另方面它也是我們所鍛鍊以求而由我們所抉擇來的，在傳統的中國哲學中向來有所謂「體用一如」的命題，此命題中固然包含了「體」、「用」兩個概念，但在傳統哲人尤其是儒家的觀念中，他們洵非將「體」當做主謂句中的實體，亦不視「用」爲其屬性，反而主張「體非枯寂之體而必有其用，用非無根之舉而必有其體」、「由體生用而用不離體，由用顯體而體不離用；故全體是用，亦全用是體」，生死慧和自我生命本身的關係，當亦復如是。

　　孟子的生死慧當然是由孟子生命本身的決定所彰顯的，且孟子的生死慧同時也賦予了孟子生命本身之神聖崇高的意義，這種體用一如、相即相成的情形，顯然也構成了一種詮釋學的循環（hermeneutic circle），就此而言，當我們試圖詮釋孟子的生死慧時，對於何謂真實之自我、何謂真實的生命本身做出探討，應是不可或缺的，本章即基於此義乃以實存主體爲題而開宗明義之。

第一節　既普遍又具體的實存主體

　　就每一個人而言，凡自己的生與死都是個別的、獨特的經驗而沒有人可以取代，且其面對自己的生死經驗因之興發得來的生死智慧也是個別的、獨特的而不可能被複製。然而我們曠觀歷史中的宗門大德和人間智者，發現他們所示現的德行境界和生命體悟每能在當下引發感動、發生共鳴；他們所證成的性情教誨及人格啓示亦可突破時空而流芳百代、全人共仰。從此可見「人心不同，各如其面」固然是事實，但「人同此心，心同此理」的情形也依樣存在。如此說來，在實際的人情世故中，具體性和普遍性其實並不像邏輯世界所規定般的截然不可通，生活是如此，生命本身也是這樣，本節因此乃以既普遍又具體來形容生死慧中的實存主體。又實存主體本包括了「實存」和「主體」兩個概念，它們原都是從西方哲學來的名詞，如今若欲將它看成孟子生死慧所形成的內在依據，勢必先要進行其意義的認定。

一、實存主體的意義

　　傅偉勳先生所構思的現代生死學與生死智慧前後有一個發展的過程，亦即是由原先之較有個體死亡學偏重意味的初步階段，最後進入了「生死學三部曲」的思維高階段，這中間所涉及的課題以及所必須面對的學術運用、科際整合當然有廣狹深淺的不同，但傅先生對他的「生死學三部曲」曾做如是的描述：

　　　　第一項是面對人類共同命運的死亡挑戰，表現愛之關懷的
　　　　（我在此刻所要強調的）「共命死亡學」（destiny-shared

thanatology），……第二項是環繞著死後生命或死後世界奧秘探索的種種進路，……第三項是以「愛」的表現貫穿「生」與「死」的生死學探索，即從「死亡學」（亦即狹義的生死學）轉到「生命學」，面對死的挑戰，重新肯定每一單獨實存的生命尊嚴與價值意義，而以「愛」的教育幫助每一單獨實存建立健全有益的生死觀與生死智慧。[1]

從上可知，傅先生他到後來雖然能以忠恕之道來擴大生死學己立立人、己達達人的意涵，但他自始至終的一貫關懷，還是人之做為一實存主體將如何面對死亡的事實並坦然受之的核心問題，以此看來，實存主體無乃是傅先生所構想之現代生死學與生死智慧的基點。毫無疑問地，實存主體是在傅先生早初階段的生死學中即已提出者，蓋他一開始就曾將生命的活動面向依其價值的高低，順序列出十個層次，實存主體即居其中的第八層，例如他說：

> 依照我個人所了解的生命存在的諸般意義高低層次與自下往上的價值取向，我認為做為萬物之靈的人的生命應該具有下列十大層面：（1）身體活動層面；（2）心理活動層面；（3）政治社會層面；（4）歷史文化層面；（5）知性探索層面；（6）審美經驗層面；（7）人倫道德層面；（8）實存主體層面；（9）終極關懷層面；以及（10）終極真實層面。這十大層面中，有關死亡問題及其超克的是第八、九、十這三個層面。[2]

---

1 傅偉勳，〈論人文社會科學的科際整合探索理念暨理路〉，頁 125-126。
2 傅偉勳，《死亡的尊嚴與生命的尊嚴》，頁 29。又其實傅先生第一次在國內提到此十大層面其實是針對中國文化的重建而說的，只不過當時是把第九層稱做「生死解脫」，此可參見：傅偉勳，《批判的繼承與創造的發展》，頁 61-62。

　　對於以上這十個層面的生命成就，傅先生大體又將它們區分為兩類，第一類是以知性爲本位之「學問的生命」，最後的三項則爲第二類，屬於以體認本位之「生命的學問」。傅先生還說「生命的學問」之另一表現，就是所他提倡的「生死學（理論）與生死智慧（實踐）」，[3]我們從他對「生死學三部曲」的描述似乎可以發現，這個原初階段的意思即使是在後來的思維高階段，仍然沒有被否定。

　　根據傅先生十大層面的說法，那個能夠興發一個人的生死慧以有效決定其生命的尊嚴和死亡尊嚴的主觀根據，當然就是第八層的「實存主體」了。

　　「實存」（existence）一詞以前或譯爲「存在」，但由於容易和形上學中說的「存在」（being）產生不必要的混淆，所以現今皆捨「存在」而用「實存」。「實存」的被重視是西方之非主流、反主流的實存哲學（existential philosophy）或實存主義（existentialism）所揭櫫和服膺的，現在傅先生將生命活動的第八層稱爲「實存主體」，其意義之一該是指陳人之能反求諸己地進行實存的分析、以及由此實存的分析而對自我有能有所體貼、肯定和了悟，傅先生如是這般地對於人的存在做出理解，當然和實存主義者的見解不謀而合的，所以凡是實存主義哲學家提出的指標性宣言，諸如：齊克果（Soren Kierkegaard,1813-1855）之「實存的抉擇」（existential choice）、沙特（Jean-Paul Sartre 1905-1980）之「實存先於本質」（existence precedes essence）、海德格（Martin Heidegger,1889-1976）之「實存的本然性」（existential authenticity）等，應該也都是傅先生願意接受的。

---

3 參見：傅偉勳，《學問的生命與生命的學問》，頁 261-272。

　　「主體」（subjectivity）或譯為「主觀」，這是一個相當古老的哲學術語，它往往和「客體」（objectivity）相對舉。寬泛地講，主體就是自我，客體則是自我之所對的一切事物，惟主體、客體之間則有兩種關係，一是隸屬關係，二是平行關係，中國哲學中嘗有「能」、「所」二分或「我」、「我所」二分，此既與主、客之二分大體類似，其或為平行或為隸屬，亦相彷彿。

　　「主體」又可分為德行主體和認知主體。[4]前者是從具體義和實踐義來貞定，亦必須在具體的實踐中自證自成，此乃為中國儒釋道三家哲學所念茲在茲者；後者則是抽象的思維我，此思維的我常出現在西方主智、重智的哲學傳統中，在西方哲學的知識論中，思維我固然每每被外在化而成為受討論的客體，即使是在存有論裏，它依樣是被當做一般的對象而進行抽象的解析。[5]

4　勞思光先生先是將自我區分為德性我（moral self）、認知我（cognitive self）、情意我（aesthetic self）以及可由認知我中劃出之形軀我（physical self）等四種，接著又說形軀我是對自我自身的一種否定，所以如果以肯定面來說的話，則自我的境界只有前三者才是。參見：勞思光，《中國哲學史‧第一卷》，頁189-190，香港，中文大學崇基書院，1968年。勞先生之將形軀我排除在自我的境界之外，此和筆者之說主體即自我乃有異曲同工之妙，不過他所另立的情意我，筆者則以為若不外是以實踐為其主要之性徵的話，則仍可為廣義的德行主體所包含，當然廣義的德行我亦非僅以側重倫理義的儒家思想為定準者，蓋依訓詁學的通義，德者得也，行者修也，因能踐履篤實地修行，所以在心志或性情上方可以有所見、有所得，是謂之德行，依此德行的通義，則情義我當然還是德行義的，它除非是為了和儒家的道德我相對比以突顯其不同於儒家殊勝，否則似乎不必獨立於德行我之外才對，職是之故，主體仍然是德行和認知之二分，亦即實踐與理論之二分。除勞先生外，唐君毅先生亦曾用「心」來形容人的主體或自我者，不過他乃是並對舉地形容先秦諸子之不同者，故唐先生云：孟子的心是能成就道德自我、開啓性情之教的德性心，墨子是能定普遍抽象之法儀以辨同異、明然否的知識心，莊子是能超克情識之陷溺以證虛靜明覺之自在的靈台心，荀子則是能明於歷史文化之緒脈以及禮憲儀制之通貫的統類心。參見：唐君毅，《中國哲學原論‧原論篇》，頁122-124，香港，人生出版社，1966年。

5　參見：陳德和，《儒家思想的哲學詮釋》，頁12-13。

前面提到，傅先生之所以用「實存主體」一名，乃是受了實存主義的影響，而實存主義在某個意義上是反西方傳統哲學的，因爲它在乎的是真實的自我，此自我洵非抽象或一般之掛空的自我，而必須是擁有具體真切之實感、一昧在乎自己之存有地位的自我，職是之故，以實存主體的觀念來界定孟子的主體觀，當然不是一種附會穿鑿。

二、實存主體的釐定

實存主體所強調的是具體的存在性，所關心的是不被對象化的自我，所以實存主體究其實就是實踐主體或德行主體。其實在傅先生之前，牟宗三先生亦曾肯定實存主義對人之真實主體性的揭發，他一再讚美齊克果是西方哲學家中，真正能夠從主觀上留意實踐的意義、真正能夠歸根到具體「存在的」個人上講人生大事者，對於齊克果「真理就是主體性」（truth is subjectivity）的見解，尤其欣然接納，他對於「實存」或「存在」的意義特別感同身受，並曾一再地使用它，像曾說：「『存在地』觀人生，即是『實踐地』觀人生，亦即非邏輯地、非觀解地觀人生。」[6]又說：「以當下自我超拔的實踐方式，『存在的』方式，活動於『生命』，是真切於人生的。」[7]又說：「《論》、《孟》、《中庸》、《易傳》是孔子成德之教（仁教）中其獨特的生命智慧方向之一根而發，此中實見出其師弟相承之生命智慧之存在地相呼應。」[8]諸如此類，不一而足。凡此都顯示出牟先生對實存主義的青睞。此外，學界都知道，牟先生向來將中國儒釋道三家的思想統稱之爲「生命的學

---

6 參見：牟宗三，《生命的學問》，頁 23-24。
7 牟宗三，《中國哲學的特質》，頁 6，台北，台灣學生書局，1963 年。
8 牟宗三，《心體與性體》第一冊，頁 19，台北，正中書局，1968 年。

問」，其主要的意思陳德和先生曾有精采扼要的敘述：

> 中國的傳統學問，是以儒釋道三家的思想影響最為深遠。
> 這三家的學問當然是各擅勝場，但對比於西方之理智主義
> （intellectualism）的精神和強調外延真理的正當性，它們
> 無疑是偏向於實踐義的內容真理而重視人的主體性的，它
> 們的學思行願都是以「生命」為中心，用存在的、體證的、
> 反求諸己的態度，展開他們的教訓、智慧、學問與修行。
> 這和西方那種重客體性，以「知識」為中心，用抽象的、
> 觀解的、概念的方式，去描摹現象、把握真實的進路，迥
> 然是大異其趣。凡此儒釋道的教誨，當可名之為「生命的
> 學問」。[9]

凡此可見「生命的學問」之所以重主體性，是因為它最在乎
的是具體的實踐，並且是以德性的圓滿證成為理想者，也就是因
為這些理由，使得牟先生當他發現存在主義是對人之實存性、主
體性確有相應的規定和重視時，不免心有戚戚焉。

其次，「實存主體」在傅先生的看法中，一方面可以下開前
七個層次，一方面又可以興發生死慧以呈現第九、十兩層的崇高
意義，可見它是具有創造性、能動性、自由性、自覺性、主動性
和主宰性者，這就使得它已然位居整體生命中最核心、最重要、
最具根源性的地位，因此可以說它是「真實的自我」（real self），
或「真實的主體」（real subjectivity）；[10]再者，個人的生與死對於

9　陳德和，《儒家思想的哲學詮釋》，頁 15-16。
10　反過來講，真實的主體亦即是真實的自我，牟宗三先生即如是說，參見：
　　牟宗三，《中國哲學的特質》，頁 30。又有一些學者根據行為發展論的立場，
　　將人的主體視同個人一般，會隨著年齡與經驗的累積而一起成長變化，並
　　將主體分為：初級期之自在的主體性、自然的主體性、自知的主體性、自
　　我的主體性；轉折期之自失的主體性；高級期之自覺的主體性、自強的主

自己來說無非都是具體而現實的，人的生死慧之所以是實踐的智慧也必然是具體而現實者，順此，則所謂能對生命的第九、十層面起作用真實的主體，亦理當是具體而現實者。換句話說，能夠兼含「真實存在」（true and authentic existence）與「現實存在」（actual existence）兩義，才是實至名歸的「實存主體」。[11]

第二節　既超越又內在的實存主體

　　本節所要交代的是，孟子所證成的仁心善性本是既超越又內在者，它同時就是我們視聽食息於生活中的實存主體。孟子思想在儒學及中國哲學中之所以能居重要地位，這和他對心性理論的特有見解有絕對的關係，更具體地說，孟子心性論的最大貢獻是能夠啟發我們對主體的貞定，使我們真正能夠挺立人的主體性者。[12]孟子心性論的主要內容，以及心與性之間的可分而不可分

體性、自為的主體性、自由的主體性；最後期則是主體性的退行演化（參見：郭湛，《主體性哲學》，頁 67-82，雲南，雲南人民出版社，2002 年）這顯然是基於心理學主義的立場而從生物性生命（biology life）的觀點來說明個人及其主體的生住異滅，此亦自有其理路和洞見，但筆者並不與焉，今亦不予討論，至於它之承認主體之有自覺性、自強性、自為性和自由性，則不管是儒家或存在主義哲學家，都應當可以同意才對。

11 傅偉勳，《學問的生命與生命的學問》，頁 3。

12 黃俊傑先生則從人的歷史性而探討在孟子思想中，「人」作為一個實存主體所具有的「超越性」與「歷史性」，他指出，孟子雖然強調人間現實活動的意義，但是，他卻也不能同意人只活在現實界之中，而成為「一度空間的人」。他一再鼓勵人自我提升，自作主宰，以躍入「上下與天地同流」的宇宙境界。但是，從人的超越性看來，孟子雖然強調性善說的宇宙論或本體論根據，但他也時時關懷如何使這種人性的超越本體，在世界展現其自身，而成為一個客觀化的事實。黃俊傑，〈孟子思維方式的特徵〉，《中國文哲通訊》，第 1 卷第 3 期，1991 年 9 月。

關係，本節中將陸續做必要的披露，現在筆者首先要聲明的是，孟子的心性固然是被孟子用來彰顯人之所以爲人的尊榮地位和意義底據，更重要的是，孟子所豁顯的心性乃具體於生活中求其在、求其應之能主動創造價值的心性，所以終必富有當下義和實踐義而足可稱爲實存主體。底下即講明這個道理。

一、仁心善性即實存主體

從分析的角度看，心有感動義，有感受義，有感通義、有感應義，它能知能思，能出能入，所以屬於活動者，相對之下，性則僅爲本質義，乃屬存有者，[13]兩者確實有其不同，再從邏輯上說，這兩個概念的內容與外延也不一致，所以不可等同視之。然而若就同樣是實踐的根據而爲吾人道德表現之所由出、所由成來的根據而言，它們則是一而二、二而一的，因此我們可以相信，

---

13 必須說明的是此處將「心」、「性」對舉並標示出「性」之本質義與存有義，但卻不是將人之「性」視爲人在種差類別上的區分性，筆者認爲孟子固然曾經說過「人之所以異於禽獸者幾希」，但孟子的對比並非只是在描述人和禽獸之間的定義各有不同，他尤其要突顯人相對於禽獸之道德自覺意識的存在，換句話說，這個「異」最重要的是在提醒我們人之所以爲人應有的價值感和責任心。唐君毅先生曾經指出，在今日一般流行之常識科學即若干哲學之觀點中，恆以性之一名直指吾人於所對客觀事物，所知之性質或性相，此性質性相之爲一類事物所共有者，爲種性、或類性、或普遍性；其爲一事物所獨有或異於其他同類事物者，爲個性或特殊性；然而，如此用法，並不能精準掌握在孟子人禽之辨中以「性」彰顯人之所以爲人的要旨。另外牟宗三先生也有類似的表示，他說「性」如果當名詞用，通常會被想成是一「類概念」（Class-concept），不過對孟子來說卻不能這樣理解，因爲「類概念」是居於形構原則說的，形構原則所訴求的乃是材質的問題，然「性」在孟子的觀念裏是生命中的大體，其乃先驗而內在並放之四海而皆準，故非屬氣性或材質義者。唐先生和牟先生的意思，即是筆者所信服的意思，又以上唐先生所做的表述，可以參見；唐君毅，《中國哲學原論・原性篇》，頁 20，香港，新亞研究所，1968 年；牟先生的意見說明，參見：牟宗三，《心體與性體》，第一冊，頁 39-40。

孟子心性論的主張，同時就是他對人的主體的體認和規定。至於有些學者以爲人心乃是人的實存主體，人性則是人之實存的主體性，兩者畢竟不能混爲一談，此義自有其論說之分際，筆者在下文中亦將有所討論與簡別，惟筆者終究以爲，對孟子思想而言，「心的活動即是性的朗現」應該是毫無疑問的，既然如此，那麼將心與性逕說成心性就並以之爲實存主體，當然可以被接受。

　　將人心人性理解成人的實存主體，是牟宗三先生和傅偉勳先生兩人共同的意見。傅先生向來就對孟子心性論的思想持十分肯定的態度，他之將他所構思的「現代生死學與生死慧」定義爲以「心性體認爲本位」，即可見出端倪。體認不同於理智的理解（intellectual understanding），也不是知識概念的活動與建構，而是當下具體地踐履篤實而有其主觀的心得，[14]所以體認務必是從實存主體而來，且體認之即同時能對實存主體深化之，今傅先生既又明白地將實存主體的體認說成是心性的體認，則心性當然就是他心目中的實存主體了。其實傅先生亦直接提過「心性就是實存的本然性」，[15]此意或可解爲「心之性即是實存的本然性」，也能讀成「心性爲實存之心亦爲本然之性」，惟綜合地講，心性還是實存主體。

　　孟子的仁心善性即爲我人的實存主體，這對牟先生而言更是信誓旦旦。蓋牟先生曾說，就儒家言，是因爲孟子能呼應孔子的

---

14 黃俊傑先生則以「具體性思維方式」表述中國思想家這種獨特的思想方式，他指出「具體性思維方式」是中國文化所顯現的諸多思維方式中，最爲悠久而且具有中國特色的思維方式。所謂「具體性思維方式」是指從具體情境出發進行思考活動，而不是訴諸純理論或抽象的推論。參見：黃俊傑，〈中國古代儒家歷史思維的方法及其運用〉，楊儒賓、黃俊傑合編，《中國古代思維方式探索》，台北，中央研究院中國文哲研究所籌備處，1995年。

15 傅偉勳，《批判的繼承與創造的發展》，頁 195。

意思而進一步「攝性於仁」、「攝仁於心」而自道德實踐以言之，人的真正主體性始正式挺立而朗現。[16]他進一步指出：

> 孔子之踐仁知天，吾人雖以重主體性說之，然仁之為主體性只是吾人由孔子之指點而逼近地如此說，雖是呼之欲出，而在孔子本人究未如孟子之如此落實地開出也。此即象山所謂「夫子以仁發明斯道，其言渾無縫縫，孟子十字打開，更無隱遁」之義也。孟子如此「打開」，是其生命智慧與其所私淑之孔子相呼應，故能使仁與心與性通而一之。[17]

由上可見，牟先生是將孟子認定是真正能繼孔子之意而貼切點出人的主體性者，而此真正的主體就是人心人性。

二、內在心性即超越心性

心性之為人的實存主體，它乃具有主觀、內在的意思，這是理所當然的，但是主觀而內在的心性如果恒只是主觀而內在，永不能通向普遍絕對的真實，那麼它就僅能負責世俗價值的實現，其他超世俗的價值將無能為力，除非藉助於上帝的施捨以及宗教的救贖，否則永遠無法獲得，西方人之視人為有限的存在，同時亦必須仰賴宗教的存在，蓋緣於此，反過來講，如果心性並不純然只是主觀而內在的話，則心性亦當可以做為超道德的實踐根據，傅先生對於孟子的心性就有這種信心，他說：

> 孟子千古不朽的哲學貢獻，是在對於儒家所建立的生死智慧予以真常心論的奠基。他所肯認的心性基本上是內在道德的仁心善性，但這並不等於說，他的心性論祇不過是為

---

16 參見：牟宗三，《心體與性體》第一冊，頁26。
17 同前註。

了說明人倫道德的成立根據而形成的。陽明致良知教所以成為孟子性善論的必然歸結，乃是因為孟子性善論的本身已有傾向突破道德實踐的局限性，而深化了儒家道德實踐為終極的生死智慧之故。[18]

　　傅先生蓋認為，孟子的仁心善性不但是我們道德實踐的根據，也是以終極為目的之超道德實踐的根據，因此能有效成為儒家生死慧的基礎。前文既曾言生死慧乃實存主體的體現和發用，今傅先生是以仁心善性為生死慧的基礎，則仁心善性之為實存主體固明矣，而生死慧的本質非但是道德的，同時也是終極的，則心性之為實存主體就勢必具有它的超越性了。何謂超越性？吳汝鈞先生曾解釋為：

　　　所謂超越性，一般的理解是對於感覺世界或現象世界的超越，也包括對作為感覺世界的形式條件的時間與空間的超越。這能超越的東西，通常是指那具有絕對性與永恆性的形而上的天命、天道、天理或道體而言，這是被視為具有終極性的東西，是最根本的，不能被還原為其他東西的。[19]

　　吳先生如此的定義超越性，並特舉天道理體為例，乍看之下好像和筆者之以仁心善性為超越者不相為侔，其實不然。吳先生乃是就超越性的一般義或邏輯義而說的，依此義，則凡超越者必指那超越於人的感官知覺，甚至理性思維能力之上，且非有限之時間空間所能範圍者，但筆者之所以說仁心善性為超越的則是基於主體義和實踐義而說，今看傅先生已然用「真常」來形容它，可見筆者所見不差。傅先生又說：

　　　具有超形上學開放性的中國形上學可以說是構成中國哲學

18　傅偉勳，《批判的繼承與創造的發展》，頁194。
19　吳汝鈞，《老莊哲學的現代析論》，頁190，台北，文津出版社，1998年。

生死智慧的主要義蘊，此一生死智慧強調超世間的精神性
（天道、天命或法性）與人間世的實存性（真心常性）終
極合一。中國哲學的生死智慧同時構成宗教上的解脫之
道，至於能否自我體現，則在乎有否（道德的和超道德的）
本心本性的肯認與醒悟。依此看法，心性論是中國哲學傳
統的起點，也是終點；而孟子（以及陽明）、莊子與慧能則
可以看成代表儒道佛三家的中心人物。[20]

傅先生稱心性論是中國哲學的起點和終點，並說本心本性的
肯認和醒悟，是道德與超道德共同的實現依據，可見心性在他的
理解中亦是既超越又內在的實存主體了。

心性之為人的既超又內在的實存主體，牟先生更言之甚詳，
他還將仁心善性說成心體性體。其實這未嘗不是名正言順，因為
從體用關係上說，我們乃必根於此心性之體，方可承體起用以為
道德、超道德的實踐動能，最後終於證成終極的生死慧者，今若
心性之體分稱之為心體性體，當然沒有什麼不可以。

心體性體之為實存主體，固然是當下具體，卻同時辨證地具
有永恒的普遍性，牟先生誠然知之矣，例如他說：

由孟子之自道德自覺上實踐地說性，由其如此所體證之性
之「固有」義、「天之所與」義、以及本心即性、「萬物皆
備於我」、心性向絕對普遍性申展之義，則依一形而上的洞
悟滲透，充其極，即可有「性體與天命實體通而為一」之
提升。[21]

此外，牟先生在說明心體、性體之所以為體的意義時，更明
白地說此體自主觀或內在言是實踐主體，自客觀或超越言則是天

---

20 傅偉勳，《從西方哲學到禪佛教》，頁46，台北，東大圖書公司，1986年。
21 牟宗三，《心體與性體》第一冊，頁31。

命實體，如云：

> 儒者所說之「性」即是能起道德創造之「性能」；如視為體，
> 即是一能起道德創造之「創造實體」（creative reality）。……
> 它有絕對的普遍性（性體無外、心體無外），惟在人而特顯
> 耳，故即以此體為人之「性」。自其有絕對普遍性而言，則
> 與天命實體通而為一。故就統天地萬物而為其體言，曰形
> 而上的實體（道體 metaphysical reality），此則是能起宇宙
> 生化之「創造實體」；就其具于個體之中而為其體言，則曰
> 「性體」，此則是能起道德創造之「創造實體」，而由人能
> 自覺地作道德實踐以證實之，此所以孟子言本心即性
> 也。……本心是道德的，同時亦即是形上的。此心有其絕
> 對的普遍性，為一超然之大主，本無局限也。心體充其極，
> 性體亦充其極。心即是體，故曰心體。[22]

　　牟先生蓋提醒我們，心體與性體不但是我們道德創造的實
體，同時亦可普為宇宙生化的實體，其實自稱是「因讀孟子而自
得之於心也」的南宋大儒陸象山就曾道過：「宇宙內事乃己分內
事，己分內事乃宇宙內事；宇宙便是吾心，吾心便是宇宙。」[23]明
儒王陽明亦曰：「無聲無臭獨知時，此是乾坤萬有基。」[24]可見此
乃是儒者相同的契悟，像這種兼具內在意識與超越意識的自覺，
無疑賦予我們在世俗道德之外之上之超道德實踐的可能根據與理
論基礎，凡儒家之德行所以能有終極的關懷和終極的真實而盡可
滿足傅先生對現代生死學與生死慧之要求者，亦根源於此，這個

22　同前註所揭書，頁 40-41。
23　參見：陸九淵，《象山全集·卷三十六·年譜》紹興二十一年（先生十三歲）、
　　淳熙十二年（先生四十七歲）兩條。
24　參見：王守仁，《王陽明全集·卷二十·詠良知四首示諸生》。

道理在爾後的兩章中將依次說明。

　　筆者上面列舉了牟、傅兩先生的意見，是為了證明儘管他們兩人對孟子所提出心性各有表述，如一者說做是仁心善性，另者說做是心體性體，但其實都同樣定義在實存主體上，且此一實存主體若同時俱為吾人道德與超道德之實踐的依據的話，那麼它亦必然是既內在又超越、既主觀又客觀者。筆者這樣做的目的，當然是想促進「人心人性即是實存主體或實存的本然性」這個命題的合法性，不過這樣做亦只能算是開端而已，它仍然需要進一步在內容上做實際的考察，下一節起就如是說。

第三節　既存有又活動的實存主體

　　筆者已然認定，孟子所揭櫫的仁心善性，其實就是我們生命的主體，且仁心善性之能夠實現其自己，完全是由於它在當下的踐履篤實，接著從本節開始，將實質地討論孟子的仁心善性是以何種義諦出現，它除了要繼續說明心與性的一而二、二而一的關係，以證實我們的實存主體是既主觀又客觀、既內在又超越者外，更要表示這個實存主體另外還有既存有又活動的意思。今首先就從孟子心性說的形成論起。

一、即善性說人性

　　孟子的心性論若完整地形容，乃是道德的心性論；若心與性都是道德的話，那麼人性當然也就是善良的。像孟子如此之以人的道德性來界定心性、進而主張人性是善，這可說是弘揚了人性的可貴並開闢了價值創造的活存源頭，非常值得我們的重視及肯

定。《孟子・滕文公上》說：「孟子道性善，言必稱堯舜。」從該書中的一些記載來推敲，孟子之主張性善乃是一種劃時代的新猷，例如《孟子・告子上》記：

> 公都子曰：「告子曰：『性無善無不善也。』或曰：『性可以為善，可以為不善；是故文武興，則民好善；幽厲興，則民好暴。』或曰：『有性善，有性不善；是故以堯為君而有象，以瞽瞍為父而有舜；以紂為兄之子且以為君，而有微子啟、王子比干。』今曰『性善』，然則彼皆非與？」

公都子對於孟子的性善說蓋有所疑慮，理由是歷來對人性的了解，不管是性無善惡說，或性可善可惡說，以及性有善有不善說，它們都和性善說不一致，公都子發問時特別強調「今曰性善」，可見前三者乃是傳統以來流行的意見，性善說則是新主張。

傅斯年先生繼清儒阮元的《性命古訓》做《性命古訓辨證》，認為《尚書・周誥》和《詩經》中皆無「性」字，今所見該書中的「性」其實是「生」，[25]徐復觀先生則從「生」、「性」的造字原理以及兩者的孳乳關係，並根據《尚書・召誥》所謂「節性」、《詩經・大雅・卷阿》之「彌爾性」以及金文的「彌厥生」，說明「性」字早期的意義是指人的本能、欲望和情緒。傅、徐兩先生的研究自各有其重點，但並不相衝突，綜合他們的意思，蓋同樣認為在《書》、《詩》的時代，對人的了解是聚焦在生命的自然稟賦上，後來的人因循此義，亦認為「生」乃相當於「性」，而形成傳統之對人性的認知，[26]李瑞全先生乃解釋這種傳統的人性主張是：「以

---

25 參見：傅斯年，〈性命古訓辨證〉，劉夢溪主編，《中國現代學術經典 —— 傅斯年卷》，頁33-40。

26 參見：徐復觀，《中國人性論史・先秦篇》，頁 2-11，台北，台灣商務印書館，1969年。

人的生命中自然的和多樣化的表現為人性之所在，性也就是我們作為自然生命所稟賦的一切生理欲望之總和。」[27]此大體如是，不過筆者以為人之喜、怒、哀、懼、愛、惡、欲等情緒，亦即《禮記‧禮運》所說的「七情」也應包括在傳統人性論的範圍內。[28]

　　本能、欲望和情緒皆人所與生俱來且亦人人所固有之者，也是人在經驗實然上所呈現的種種自然徵象，它當然可以被認為是人性，惟此種人性是無善惡可言的，今告子主張「性無善無不善」，《孟子‧告子上》他又曾說：「性猶湍水也，決諸東方則東流，決諸西方則西流，人性之無分於善不善也，猶水之無分於東西也。」「生之謂性。」以及「食、色，性也。」可見他是因襲老傳統而著眼於人的本能欲望來論性的，而漢儒趙岐《孟子注》解「性可以為善，可以為不善」時說：「公都子曰：『或人以為可教以善不善。』亦由告子之意也。」南宋朱熹《四書集註》則說：「此即湍水之說也。」此則反映第二說實為告子立場的翻版，第三說亦復如是，自不待言。

　　相對於傳統「生之謂性」的性無善無不善說，孟子是迥不相侔的，而關鍵則是在對人性的定義彼此有所出入，蓋孟子說：「人之所以異於禽獸者，幾希。庶民去之，君子存之；舜明於庶物，察於人倫，由仁義行，非行仁義也。」(《孟子‧離婁下》) 可見孟子乃是從人所獨有之自律自主的道德抉擇能力來界定人性的，[29]

27　李瑞全〈孟子哲學中「性」一詞的意義分析〉，《當代新儒學之哲學開拓》，頁153，台北，文津出版社，1993年。

28　《禮記‧禮運》說：「何謂人情？喜、怒、哀、懼、愛、惡、欲，七者弗學而能也。」

29　李瑞全先生更進一步闡述孟子的人性論，而表示孟子所言之「性」不只是一個給出道德法則的機能，它自己同時是一種動力，驅使或命令我們去做道德行動。換言之，在孟子來說，人性永遠不會對道德行動變得無能為力，它自身就是一個活動原理 (active principle)。因此人之所以為人之性不僅是

所以他主張性善說，且惟此性善說之提出，主體乃定然無可移者
也。不過要注意的是，儘管孟子的性善說和傳統論性的立場不相
一致，但並非矛盾、對立之不相容者，此義當留待下文分解。

　　此外，孟子亦說：

> 天下之言性也，則故而已矣。故者以利為本。所惡於智者，
> 為其鑿也。如智者若禹之行水也，則無惡於智矣。禹之行
> 水也，行其所無事也。如智者亦行其所無事，則智亦大矣。
> 天之高也，星辰之遠也，苟求其故，千歲之日至，可坐而
> 致也。（《孟子・離婁下》）

　　本章歷來自有解讀，筆者所根據的則是陳德和先生最新的說
法。陳先生的重新判讀本章的關鍵，就在經文中的「則故」一詞
以及「苟求其故」的「故」等兩個地方。

　　陳先生首先認為，「則故」是個造句結構，「則」本為會意字，
東漢許慎《說文解字》說它是「等畫物也。」清儒段玉裁注曰：「引
申為法則也。」若孟子此處的「則」仍當勿恢復為動詞使用，但
意為「以……為則」，亦即「以……為根據」；「故」是「故舊」，
合起來「則故」就是「根據老傳統」，引申為「因襲舊說」。陳先
生又說，「苟求其故」的「故」又和「則故」的「故」不同，它是
指「根本」或「本然」的意思。陳先生有此釐清之後，接著就進
一步指出，在此章中孟子一方面暗批以往之人性論的不當，一方
面則自認為是能創闢地的提出新說的智者並有所辨解，蓋孟子認
為以往的人性論者都只貪圖便利而一味因襲舊說而已，且這些人
通常還會弄不清楚自己的無知反過來指摘有智之士的原創性意見
為穿鑿附會，殊不知只有不落窠臼地主張性善，那才是最理所當

人作為一個道德存有者的存有論基礎，也是人成為一個道德的實踐者的內
在動因。參見李瑞全〈孟子哲學中「性」一詞的意義分析〉，頁153。

然、最合乎人存在的事實，再說，如果我們能夠了解在根本上人性是善的話，那麼對於道德實踐如何可能的道理，就能夠更深切有效的掌握，這好比天體宇宙雖然漫無涯際，但如能掌握基本原理的話，即使是千百年後的時令節氣，還是可以運算得來一樣。[30]

陳先生新的註釋理解，筆者非常同意。又朱熹的《四書集注》在義理和考據上都有相當的成就並爲歷代學人所肯定，但是朱熹對本章的解釋其實並不成功，不過他在結尾時說：「程子曰：『此章專爲智而發。』愚謂事物之理，莫非自然。順而循之，則爲大智。若用小智而鑿以自私，則害於性而反爲不智。程子之言，可謂深得此章之旨矣。」這就頗有見地，筆者所提出的新解，亦和此相近似，蓋朱夫子言下之意還是以孟子爲能如其實了解人性之真諦的智者也，又如果筆者這種解釋是恰當的話，那就直接證明了孟子對自己在人性上的特殊見解，是相當具有信心的。

惟誠如陳德和先生所言者，儘管孟子的性善論在當時的確是個不同凡響的新主張，但我們卻不能隔絕地說這是孟子的孤明獨發，因爲孟子是在文化精神的傳承以及師友慧命的相續中，進行這項理論的歸結的。陳先生更以爲，如果專就前者以論之，此乃屬於思想史的意涵，徐復觀先生對此即有一甚好的理解和說明，譬如他說：

> 中國文化發展的性格，是從上向下落，從外向內收的性格。由下落以後而再向上昇起以言天命，此天命實乃道德所達到之境界，實即道德自身之無限性。由內收以後而再向外擴充以言天下國家，此天下國家實乃道德實踐之對象，實

30　參見：陳德和，〈孟荀性情說的共法與不共法〉，陳器文主編，《第六屆通俗文學與雅正文學：文學與經學全國研討會論文集》，台北，新文豐出版股份有限公司，2006 年。

> 即道德自身之客觀性、構造性。從人格神的天命，到法則
> 性的天命；由法則性的天命向人身上凝集而為人之性；由
> 人之性而落實於人之心，由人心之善，以言性善：這是中
> 國文化經過長期曲折、發展，所得出的總結論。

　　至於相對於徐先生之將孟子性善論的出現解釋為中國文化
長期發展的結果，陳先生認為牟先生則是特就後者做解釋。他指
出依牟先生之意，即由於孔子的重德、重主體性以致特別突顯了
「仁」的地位，而做為追隨者的孟子蓋能存在地呼應孔子對生民
的召喚，乃「攝性於仁」、「攝仁於心」地將仁、心、性通而一之，
而真實確立人的道德主體性，凡此顯然著重在仁一概念的步步進
逼、步步顯豁，最後結穴於良善之心體道體以立言者，據之可見，
牟先生看到的，正是儒學心法慧命相續的觀念流衍。[31]

　　孟子心性論的最大貢獻，就是以人性為善而挺立了人的道德
主體，並以之做為人的實存主體，由此以論，道德性即是我們的
實存性，我們的實存性亦總不能離開應然的道德性。孟子之為儒
門的正宗，誠良有以也。

二、即心善說性善

　　心體性體都是實存的主體，但這並不意謂著我們有心體和性
體這兩個實存的主體，而是說心體和性體是一如的，此一「心而
性，性而心」之即心體即性體就是我們唯一的主體，不過徐復觀
先生既說「由人心之善以言性善」，牟宗三先生也說「仁與心與性
通而一之」，可見心性雖有其共同的意義，但誠如筆者前文所言，
心性從邏輯概念或從分析角度來看，畢竟還是不等同的，亦因有

---

31 陳先生之意，復參見：陳德和，〈孟荀性情說的共法與不共法〉。又陳先生
　　所引徐復觀先生之說，見諸：徐復觀，《中國人性論史‧先秦篇》，頁163-164。

其不同，才能展現即心善以明性善的義理。

　　即心善以明性善可以分析地看，這時的意思是：用道德心的感應與活動來彰顯人性是道德的、亦即人的存在究其實是道德的存在；但它更恰當是要綜合地講，意謂：人之以其道德心的感應而表現爲道德的行爲，此即當下證實人性是道德的，而人亦因爲是道德的，所以能以其道德心的感應而表現爲道德的行爲。然而不管是分析或綜合地講，我們不難發現只要一落入言詮，心總是偏主觀之活動義，性則是偏客觀之存有義，可見語言有時不免是一種限制和無奈，不過這種限制和無奈若通過辨證的思維還是可以消除的，因爲我們可以弔詭地說：心即是性，性即是心；即存有即活動，即活動即存有。[32]牟宗三先生即曾經對孟子心性間之一而二、二而一的情形有過精采的敘述，他說：

> 自其爲形而上的心（metaphysical mind）言，與「於穆不已」之體合一而爲一，則心也而性矣。自其爲「道德的心」而言，則性因此始有真實的道德創造（道德行爲之純亦不已）之可言，是則性也而心矣。是故客觀地言之曰性，主觀地言之曰心。自「在其自己」而言，曰性；自其通過「對其自己」之自覺而有真實而具體的彰顯呈現而言則曰心。心而性，則堯、舜性之也。性而心，則湯、武反之也。心性爲一而不二。[33]

　　牟先生這一段話的背景，其實兼及了存有論和倫理學而含融地一起說，這是因爲心性本來就具有內在義和超越義，所以必須

32　牟宗三先生形容孟子是「是即將存有問題攝于**實踐**問題解決之，亦即等于攝『存有』于『活動』（攝**實體**性的存有于本心之活動）。如是，則本心即性，心與性爲一也。」牟宗三，《心體與性體》第一冊，頁 26。

33　同前註所揭書，頁 41-42。

同時兼顧、一時俱顯，惟他說性是在其自己，心則是對其自己的自覺、並經由此自覺始親證本性，則不愧是說理透闢之玄論也。

　　就因為孟子是即心善以明性善，所以他會在〈盡心上〉說：「盡其心者，知其性也。」也因為心性除了主體義外還具有超越的實體義，[34]所以他接著又說：「知其性則知天矣。」此外，我們還可以有其它的文獻來支持這種講法，例如孟子在〈盡心上〉又說：

> 廣土眾民，君子欲之，所樂不存焉。中天下而立，定四海之民，君子樂之，所性不存焉。君子所性，雖大行不加焉，雖窮居不損焉，分定故也。君子所性，仁義禮智根於心。其生色也，睟然見於面，盎於背，施於四體，四體不言而喻。

　　在本章中「君子」乃就德行言，君子是成德的人，也就是能夠充分表現自己的善性使自己成為道德之存在的人；「所性」指的是所表現出來或證實出來的道德本性；「仁義禮智根於心」是說其心乃自本自根地具有仁義禮智四端，引申為以自本自根具足仁義禮智四端的道德心為行為的抉擇與發動。[35]全句是說，君子之所

34　蔡仁厚先生即指出，孟子所明言：「心之官則思，思則得之，不思則不得也。此天之所與我者。」，亦即是表示心能省思，故能得心所同然的「理、義」。這心所同然的理義，乃是「天所與我」者。可見人之心性受之於天，天是本心善性超越的根據，此即心性之「超越義」。蔡仁厚，《孔孟荀哲學》，頁204。

35　此亦可從理論上首尾一貫的呼應孟子所提的「仁義內在」之主張。徐復觀先生即表示，義是對於事情應當或不應當的判斷，及由此判斷而引發的行為。孟子的「義內」說，乃認為此判斷係出於吾人之內心，不僅判斷之標準為吾心所固有，否則不會作此判斷；並且以為吾心既有此判斷，即係吾心有此要求；人之行義，乃所以滿足吾心之要求，而為吾心之所不容自己。告子之意，則以為應當不應當，只是從客觀事物關係中之較量比擬而出。楊祖漢先生亦指出，雖說義內，即「道德法則、道德行為，是由我決定」，但此所訂立之道德法則，所生發之行為，乃是具有客觀的、普遍的意義者，即人人皆會同意的，皆會如此行的。因此，我們不能以為義既然由我（主體）決定，便是主觀的、特殊的，而無普遍性；亦不能以為若義是客觀的、

以爲君子，乃取決於他能成就道德並因此而證實自己的本性是善良的，這又是因爲君子真正能夠自覺地發現其心靈乃具有仁義禮智四端、並願意主動地推擴此四端以客觀化爲仁義禮智之客觀行爲的緣故，[36]至於這種內在道德心靈的啓動將具體展現出德潤身的效果，使得君子在生活上得其舒坦，則是君子最大的樂趣了。此章中將君子德行人性的證得歸諸於四端之心的發用，的確充分顯示了孟子之即心善以明性善的義理思維。

孟子的即心善以明性善還可以從另外一個觀察來證明，那就是孟子有時在說明或回答什麼是性善時，不自覺地直接就把話鋒轉到心善上來，譬如孟子在〈告子上〉說：

> 乃若其情，則可以爲善矣，乃所謂善也。若夫爲不善，非才之罪也。惻隱之心，人皆有之；羞惡之心，人皆有之；恭敬之心，人皆有之；是非之心，人皆有之。惻隱之心，仁也；羞惡之心，義也；恭敬之心，禮也；是非之心，智也。仁義禮智，非由外鑠我也，我固有之也，弗思耳矣。故曰：「求則得之，舍則失之。」或相倍蓰而無算者，不能盡其才者也。詩曰：「天生蒸民，有物有則。民之秉彝，好是懿德。」孔子曰：「爲此詩者，其知道乎！故有物必有則，民之秉彝也，故好是懿德。」

「乃若其情」的「情」朱注爲「性之動也。」這並不的當，

普遍的，便一定是由外而定，而不能由我決定。徐復觀，〈孟子知言養氣章試釋〉，收入氏著《中國思想史論集》，頁 147，台北，台灣學生書局，1993年。楊祖漢，《儒家的心學傳統》，頁 9-10，台北，文津出版社，1992 年。
36 楊祖漢先生更由此區分人之道德良知與思慮知辨之知的差異，他表示，良知的決定，是決定道德上之是非，而不是決定知識上的真假。認知活動之取得知識，是供給良知一實現道德行爲之與料，而究竟應該或不應該作出行動，或該如何作出行動，則是由良知作最後之決定。楊祖漢，《儒家的心學傳統》，頁 12。

「情」並非名詞而是狀詞,「情」與「實」互訓,義指「真實」、「事實」;「乃若」的「若」趙岐訓為「順」,「其」是代名詞,本句乃因公都子問性善而答覆者,所以「其」指的是性是善的這個觀念或見解,整句的意思是:順著人性本善的真實面目。「非才之罪也」的「才」朱注為才能、材質,這也不對,楊祖漢先生和高柏園先生都說是「性」,[37]筆者從之,蓋「才」從文字學說屬六書中的指事,為草木始生之貌,可喻人性的本真,亦即人之本然善性。總之,孟子原本是要說明性善的理由,然而後來卻用人所固有的道德心來證明,這就證明了在他的觀念裏心性原本就是一如的。[38]

　　相類似的對話又見於〈告子上〉,例如孟子說:「富歲子弟多賴,凶歲子弟多暴,非天之降才爾殊也,其所以陷溺其心者然也。」這一章裏面「才」這個字也是「性」的意思;陷溺其心就是道德心沒有辦法出來為我們的道德行為做主,那是因為它或者被蒙蔽或者是被放逐的緣故,總之是和人的現實結構有關。此處孟子以為心若不彰則性亦不顯,由是可見心之活動即為性之證實,諸如此類依然還是即心善以明性善的一貫想法。

第四節　既真實又現實的實存主體

　　實存主體之有真實義亦有現實義,前文已有所說明,但那還

37　楊先生之說參見:王邦雄、曾昭旭、楊祖漢,《孟子義理疏解》,頁 44,台北,鵝湖出版社,1979 年;高先生的講法參見:高柏園,《孟子哲學與先秦思想》,頁 15-16,台北,文津出版社,1996 年。

38　牟宗三先生即表示,性體之全幅具體內容(真實意義)即是心,性體之全體呈現謂心。心體之全幅客觀內容(形式意義)即是性,心體之全體挺立謂性。是以孟子所謂:「大形不加,窮居不損,分定故也。」依此而言,心性不僅是完全合一,而且是完全是「一」。牟宗三,《心體與性體》第一冊,頁 53。

只是形式地講，若要內容地講，依孟子的思想觀念而言，就必須進一步落實在心性上發議論，且這同時也意味著，如果想要證明孟子所主張的心體性體即是實存主體的話，那麼就必須有效指出心性實質上同樣具有真實義和現實義，本節就根據孟子的文獻以及對文獻所做之恰當的疏解，扼要地去處理這些重點。

一、心性的真實義

　　主體不等同於個體（individual），也不等同於個人（person），但主體一定內在於個體或個人中。主體它具有主動性、自發性、超越性和創造性，乃居於我們整體生命最核心、最重要、最源性的位置，所以主體是我們生命的主宰或主人。整體生命是個綜合的結構，除了主體的部分外，還有其它的生命材質的存在，但相較之下，這些主體之外的生命材質，如：本能、欲望、情緒、性向、才華等，儘管彼此容有層次高低的不同，但卻都屬於主體的羽翼者而為生命中的輔導或副導而已，此乃因為淵然而有定向的裁決者和策動者都不應該是它們，這個在價值上的位序意義就是理氣的超越區分。價值意義的位序區分，亦可以幫助我們發現主體的真實義。

　　孟子曾說：「體有貴賤，有大小，無以小害大，無以賤害貴。養其小者為小人，養其大者為大人。」（〈告子上〉）他講的貴體、大體就是主體，因為是主體所以有實踐的優先性，所以說「養其大者為大人。」孟子這裏很清楚地告訴我們，個體的生命是包含大體和小體，而大小之不同乃由於貴賤之不同，然而貴賤畢竟只是就主體、副體在實踐上優先性之不同而說的，孟子其實並沒有鄙棄小體的意思，事實上也不可能這樣做，惟無論如何，主體才是生命中最真實的部分。又〈告子上〉載：

> 公都子問曰：「鈞是人也，或為大人，或為小人，何也？」
> 孟子曰：「從其大體為大人，從其小體為小人。」曰：「鈞
> 是人也，或從其大體，或從其小體，何也？」曰：「耳目之
> 官不思，而蔽於物，物交物，則引之而已矣。心之官則思，
> 思則得之，不思則不得也。此天之所與我者，先立乎其大
> 者，則其小者弗能奪也。此為大人而已矣。」

　　孟子在這段對話中，拈出了心和耳目之官的不同地位。蓋心
是以能做道德之反思為其本分，所以是生命中的主體，孟子稱之
為大體，至於人的感官知覺則並不具備此一反省的能力，因此如
果徒然依此感官知覺以行走人間的話，一遇狀況必定無法把持抉
擇，最後終不能免於被誘引、被宰制的下場，讓生命陷於泥沼中
不克自拔，小人所以為小人正是如此，反過來講，大人就是能夠
時時省察自己的道德心性以保持自我之清醒，換句話說，大人之
大是由於主體在位、天君做主的緣故，然而大人還是人，所以他
仍然具有耳目之官，不過耳目之官只居於羽翼者的地位以充分協
助心性在實踐上的徹底完成而已，它的一舉一動、一笑一顰則完
全聽命於心性的指揮，此即為「以理帥氣」的修身之道。這裏我
們已然可以輕易分辨，心性就是我們生命中最核心、最真實的部
分而為我們的主體了。

　　除了〈告子上〉外，孟子在〈盡心下〉更有一段話，直接表
達了他以心性為生命之主體的立場，他說：

> 口之於味也，目之於色也，耳之於聲也，鼻之於臭也，四
> 肢之於安佚也，性也，有命焉，君子不謂性也。仁之於父
> 子也，義之於君臣也，禮之於賓主也，智之於賢者也，聖
> 人之於天道也，命也，有性焉，君子不謂命也。

　　本章特別之處，在於「性」和「命」方面，孟子顛覆傳統的

意見而做了一個大對掉，這亦即是學界所稱的「性命對揚」。朱子對於這章有不錯的闡述，他在上半章說：

> 程子曰：「五者之欲，性也。然有分，不能皆如其願，則是命也。不可謂我性之所有，而求必得之也。」愚按：不能皆如其願，不止為貧賤。蓋雖富貴之極，亦有品節限制，則是亦有命也。

在下半章則又說：

> 程子曰：「仁義禮智天道，在人則賦於命者，所稟有厚薄清濁，然而性善可學而盡，故不謂之命也。」張子曰：「晏嬰智矣，而不知仲尼。是非命邪？」愚按：所稟者厚而清，則其仁之於父子也至，義之於君臣也盡，禮之於賓主也恭，智之於賢否也哲，聖人之於天道也，無不脗合而純亦不已焉。薄而濁，則反是，是皆所謂命也。或曰「者」當作否，「人」衍字，更詳之。愚聞之師曰：「此二條者，皆性之所有而命於天者也。然世之人，以前五者為性，雖有不得，而必欲求之；以後五者為命，一有不至，則不復致力，故孟子各就其重處言之，以伸此而抑彼也。張子所謂『養則付命於天，道則責成於己』。其言約而盡矣。」

朱注對於孟子此章中「命之限制」和「性之應然」這兩個核心的概念有精確的掌握，所以釋放出來的義理十分傳神。依孟子的意思，耳目之官等本能欲望在「生之謂性」的老傳統裏，一向被爲是「性」，問題是它卻必須受到節制而不能予取予求、爲所欲爲，這那裏能夠做爲生命主宰的人性呢？孟子倒認爲，凡必須受到管控的，就只能叫做「命」，蓋取其給與和命限兩義；其次，應然的道德實踐在實際的情境中有時會遇到無可奈何之處，譬如孔子亦嘗歎道：「道之將行也與命也！道之將廢也與命也！」（《論

語‧憲問》)，或有人據此以爲應然的道德實踐既然有時得、有時不得，且非我們的主觀努力所能改變的，所以是「命」，然而孟子卻認爲應然的道德實踐不管它是不是能夠如願以償，但對我來講卻是責無旁貸的，因爲這是我生命的本分，也是足以表示我生命最誠懇、最真實之節操的唯一根據，所以不能將它委之於「命」而應說它是「性」，「性」是性善的「性」。

　　孟子的性命對揚，在客觀上是突顯了道德的必然性，在主觀上則貞定了一超越於人的自然材質之上的道德主體性，並唯此道德的主體性才是自我的真發現，此誠如唐君毅先生所言：

> 依吾今之意，孟子之所以不以耳目口鼻之欲聲色臭味安
> 佚，以及食色等自然生命之欲等為性的理由，乃在此諸欲，
> 既為命之所限，即為人心中所視為當然之義之所限，亦即
> 為人之心之所限。此即見此諸欲，乃在心性之所統率主宰
> 之下一層次，而居於小者；而心性則為在上一層次而居於
> 大者，故孟子為大體小體之分。[39]

　　心性之爲人的主體、大體，唐先生誠知之矣，又儒家千言萬語總歸諸於「道德」兩字，「道德」乃是儒家最崇高的理想和最切近的要求，今孟子肯定人的心性是良善的，依此，則心性之爲人的真生命、之爲人的真實主體，乃是昭然若彰而不得再有任何懷疑了。

二、心性的現實義

　　心性若是具體而真切者，那麼心性的真實義和現實義其實是一時俱在的，如果分開來形容，心性的現實義是說：心性之做為

---

39 唐君毅，《中國哲學原論‧原性篇》，頁24。

人的主體，並不是理論的、抽象的、掛空的，而是能夠應然地在現實的生活中具體真切的發生作用，並會基於人同此心、心同此理的共識共鳴而與人爲善地引起感動、教化世人。心性在本然上即具有現實的意義，這是儒家成德之教所必先首肯的，蓋儒家的成德之教原本就是生命的學問，因此它所要見證的，一定都得繫屬於主體並在生活世界中落實，此乃「內容真理」的重要特徵，陳德和先生亦曾說：

> 生活世界（living world）不同於理論或表象所建構的世界，它是我們的身體所接觸的場域，依儒家的義理，這個場域即是內聖外王的實踐範圍，舉凡修齊治平的道德成就以及人文化成的人間事業，都是在這個與我息息相關的時空環境下，尋求意義的突創與開拓，例如《論語・泰伯》曾子說：「士不可以不弘毅，任重而道遠。仁以為己任，不亦重乎！死而後已，不亦遠乎！」他固然是在說明做為一個士君子在生命歷程中的努力和自覺，惟生活世界的真諦亦不言而喻了。曾子認清一個人從生到死莫不要有責任的擔負，更發覺責任的兌現唯有建立在純亦不已的踐履篤行上，所以他體會了弘毅的節操或意志乃是完成一個人所必要的條件。這亦即他融入於生活世界中，實實在在過日子的印證。[40]

儒家思想就是如此地實踐爲本色，它是生活世界中的學問，一切的對話也都是在生活世界中進行，所以具有鮮明的現實性，今孟子身爲儒門的宗師，在《孟子》書中討論心性之時，復每每習慣用當下的指點來提醒我們固有的良知良能，凡此則莫不證明

---

40 陳德和，《儒家思想的哲學詮釋》，頁 56-57。

了孟子的心性是不離生活世界的具體者，茲即援引文獻以說明此
事實。孟子在〈公孫丑上〉說：

> 人皆有不忍人之心，先王有不忍人之心，斯有不忍人之政
> 矣。以不忍人之心，行不忍人之政，治天下可運之掌上。
> 所以謂人皆有不忍人之心者，今人乍見孺子將入於井，皆
> 有怵惕惻隱之心。非所以內交於孺子之父母也，非所以要
> 譽於鄉黨朋友也，非惡其聲而然也。由是觀之，無惻隱之
> 心，非人也；無羞惡之心，非人也；無辭讓之心，非人也；
> 無是非之心，非人也。惻隱之心，仁之端也；羞惡之心，
> 義之端也；辭讓之心，禮之端也；是非之心，智之端也。
> 人之有是四端也，猶其有四體也。有是四端而自謂不能者，
> 自賊者也；謂其君不能者，賊其君者也。凡有四端於我者，
> 知皆擴而充之矣，若火之始然，泉之始達。苟能充之，足
> 以保四海；苟不充之，不足以事父母。

　　本章在了解孟子的心性理論時，也是相當重要的根據，它一
方面重申心性是人的主體，另方面指明此主體是具足內在的道德
性，最後更以為它是聖王德業的根據和保證。然而本章在論述上
的合理性在學者的討論中卻常受質疑，儘管錢穆先生曾予緩頰
說：「孟子論性善，在於舉一人以推之於人人，指一時以推之於時
時，實為吾人立一最高之標的，而鼓勵吾人盡力以趨赴之者也。」
[41]但顯然這種解釋未必是孟子核心性的想法，也無法充分答覆批
評者的質疑，今筆者且試圖再提出另外的思考來回應。

　　批評者對於本章最常見的說法是，孟子並不能在邏輯上基於
有效的推理，以證明他的講法具有真理的普遍性，蓋他只是舉實

41　錢穆，《四書釋義》，頁 250，台北，台灣學生書局，1978 年重印本。

例以佐證自己的立場，然而實例不免都是選擇性的，即使不是刻意選擇者，實例仍有可能只是某時某地的共同現象而已，再說實例之為經驗的事實，終究無法做完全的歸納，所以儘管擁有再多的實例，亦終究儘能發現概然性的結論，不能有必然性的結果。

批評者的態度很清楚，他們認為孟子的方法有問題，所以結論亦不可信。但是筆者卻不如是想，因為這些批評的意見，它雖然在論證的檢查上以及在「良心如何是一種合邏輯之法則性的理論或知識」的要求上，都是無可置喙，然而卻未免見道未深。他們殊不知孟子所訴求並不是這種純以理智條件為滿足的概念遊戲，孟子的苦口婆心是希望人能當下的肯定與自覺，所以特別使用了指點式的語言，而這種語言既然是以具體性、啟發性為重者，那麼生活中的經驗和實例才是最恰當不過的，至於它的對或不對，亦不在於語言本身，而是在於聆聽者悟與不悟罷了，因為心性原本就是具體當下的真實，所以藉由存在的方式來召喚，這才是獲得存在地回應的不二法門。

通過對純理智、純認知之批評者的反駁，我們除了可以理解孟子應機點化的特有方法外，也能夠親切感受到孟子的使用實例乃是因為心性是存在的，所以務必由存在的方式來喚醒它才最恰當，而存在是現實的，所以心性即具有現實義。

第三章　孟子生死慧的終極關懷

「終極關懷」（ultimate concern）是原籍德國後來移居美國之當代重要神學家保羅‧田立克（Paul Tillich, 1886-1965）所提出的，[1]此後即被學界所重視並廣爲流行，而在傅偉勳先生所倡議之「現代生死學與生死智慧」中，生命價值與活動的第九構面亦名爲「終極關懷」，其影響所及，可見一斑。今筆者在前章既以第八層「實存主體」爲課題探討孟子生死慧中所蘊含的意思，此章則接續研究第九層「終極關懷」的義理。

「終極關懷」從字面上看是指對終極目的或終極實在的嚮往和關切。然而儘管從形式上說，大家都可以一致地接受所謂「終極」不外乎是永恆、絕對、主動、純粹、超越、究竟、第一、無條件地、四無依傍、兀然獨立等意思，甚至也能夠認同它是無限性的歷程而非定性定有，但是在立場互異的學派、學者間，對其

1　「終極關懷」或譯爲「終極關心」、「究極關心」、「最終關心」、「究極關懷」或「最基要之關懷」等，但以「終極關懷」一詞較爲常見，它在中文世界可能是從梁敏夫在翻譯 W.E.Hordern 的《近代神學淺說》時才開始出現的（參見：梁敏夫譯，《近代神學淺說》，頁 153-171，香港，基督教文藝出版社，1971 年），後來王秀谷先生在翻譯保羅‧田立克（或譯爲蒂利希）的《愛情、力量與正義》時，又繼續使用它，並對它做了專有名詞的解釋（參見：王秀谷譯，《愛情、力量與正義》，頁 11，台北，三民書局，1973 年），自此在國內乃普遍爲學者所採用。又保羅‧田立克最具分量的代表作應該是分別在 1951 年、1957 年和 1963 年陸續問世之三大卷的《系統神學》，「終極關懷」就出現在〈第一卷〉中，龔書森、尤隆文的中譯本則名之曰「究極關懷」，見龔書森、尤隆文譯，《系統神學》之〈第一卷〉，頁 17，香港，基督教文藝出版社，1980 年。

實質的意義內容、尤其是它所賦予人生的啟示性或神聖性等，自然會出現不同的規定和理解，因此也往往產生爭議，更嚴重地還免不了尖銳的攻防對決，譬如有神論者和無神論者的絕不相讓，再如唯心論者和唯物論者的勢不兩立，都是明顯的例子，而這種是其所非、非其所是的情形當然連帶地也會發生在何謂「終極關懷」的論題上面。

學界對於何謂終極關懷，其眾說紛紜乃已然存在，事實上傅先生之以它為「現代生死學與生死智慧」的第九層，亦自有其系統與脈絡中的特殊旨趣，最明顯的莫過於它勢必和人的生死問題關係密切。蓋誠如本書〈第一章〉中筆者所曾經指出的，傅先生的十層次說的模型最先是在他宣示中國文化重建的十大課題時出現的，但在當時傅先生是把第九個課題名之曰「生死解脫」，而今十層次說又被傅先生轉化成「現代生死學與生死智慧」的實際內容，並成為他建構「現代生死學與生死智慧」的典範，其中唯一的出入只不過是將原來的「生死解脫」改為「終極關懷」且仍居第九個層位，故無論如何這時所講的「終極關懷」和生死解脫絕對是脫離不了干繫的，所以傅先生亦明言：「在終極關懷層面以生死問題及其精神超克為最根本而最重要的人生課題。」[2]

將「終極關懷」放在人的生死問題上來展示，無疑開啟了我們安身立命的有效之道，由此我們同時也發現，傅先生的慧識和他的人道精神是一體的，徐蓀銘先生形容「終極關懷」是「對於人類的終極解脫、安寧的一種根本性的人文關懷」，[3]傅先生所欲

---

2 傅偉勳，《佛教思想的現代探索》，頁 191-192，台北，東大圖書公司，1995年。

3 徐蓀銘，〈船山在終極關懷上的推故出新〉，《鵝湖月刊》第 338 期，2003 年 8 月。

訴求者，即如實反映這種特色，今即以此人道精神爲基調，論述
孟子生死慧中的終極關懷。

第一節　終極關懷的超越性根源

「終極關懷」顧名思義是以人的關懷去證明終極的實在，惟
「關懷」之做爲人的一種感通與互動的能力，它徇非抽象的概念
思維作用，而是一種自我意識的體現，換言之，它不外乎是一種
帶主觀性的意志或情操。職是之故，「終極關懷」將不同於「理智
的好奇」或「觀念的遊戲」之對象化的認知活動，而當是繫屬於
人的主體並意在內容真理的期盼與證成者，一言以蔽之，它是主
體性的承體起用而爲實踐智慧的具體批露。基於以上意思，我們
也可以說，凡是承認人之有其實存主體者必當同時承認人之能夠
展現其終極關懷，且主體的本性若是自由、主動的話，那麼終極
關懷的進路亦當是多元而開放之進路。今且試論「終極關懷」的
超越性根源。

一、信仰的動力

我們能夠對於終極的理想或實在表達出我們真切的盼望，這
固然宣示了人是具有向上提昇的精神能力，同時也決定了終極存
在的必要性。然而據此我們還可以弔詭地發現，正由於先天上有
一終極真實的存在，所以能夠讓我們對它產生終極的關懷，且更
一步說，終極關懷既然純粹是以最高的真實爲訴求，那麼這種關
懷將不同於其它的世俗一般的關懷而具有絕對的目的性和獨立
性，並在廣義上可定義爲一種宗教的情懷，此猶如田立克所說：

　　宗教關懷就是終極的關懷；它從終極的重大意義摒除所有
其它關懷，使其它關懷成為附屬的準備者。終極關懷是不
受制約的，不依附於性格、欲望或環境的任何狀態條件。
此一無限制的關懷是整體的，吾人本身或吾人世界的任何
部分，都不能自這個整體除脫，也無地可自它逃避。這整
體的關懷是無限的，亦即，面對那終極的、無限制的、整
體的以及無限的宗教關懷，而不許有片刻鬆弛與休息。[4]

　　終極關懷誠然就是具宗教性關懷，如果回復到田立克之西方
基督宗教的背景來說，它其實亦即是對上帝的皈依與虔誠，所以
無怪乎田立克說：「上帝是終極關懷的代名詞。」[5]又說：「信仰就
是終極關懷之境；信仰的能力，就是人之終極關懷的能力。」[6]田
立克更說：

　　上帝就是那終極地攸關我們者的基本而普遍的象徵。就其
為「存有本身」而言，上帝是終極事實，是真正真實者，
是一切真實事物之基、之淵。……他是我與作「品格與品
格間會晤」（a person-to-person encounter）的上帝——而就
其為會晤的上帝而言，他是我藉以表達我的「終極關注」
之一切象徵述句的主體。[7]

　　田立克本是一位虔誠的教徒，也是名噪一時的神學家，所以
終極關懷對他來說除了是生命向上的抉擇外，也是宗教的信仰和
對上帝的奉獻皈依，可知信仰若就教徒來說乃是一沛然莫之能禦
的動力。

4 Paul Tillich 原著，龔書森、尤隆文譯，《系統神學·第一卷》，頁 17。
5 同前註所揭書，頁 251。
6 Paul Tillich 原著，王秀谷譯，《愛情、力量與正義》，頁 11。
7 同前註所揭書，頁 113。

從實踐性的智慧必繫屬於人的主體的特色而論，信仰的確是讓我們願意不斷超越的活力來源，然而信仰必定是有一個終極的目標而為我們所嚮往、認可才足以產生者，從田立克之為教徒的立場說，這個終極的目標當然非上帝莫屬，惟這種皈依和虔誠若表現在儒者身上，則另外是一種光景，亦即那內在於儒者心中之終日乾乾、對越在天的超越意識。此「天」或名為天道、或名為天理、或名為天命，但無論如何就是超越的存在，[8]這個超越的天道、天理或天命一則是儒者的永恒嚮往和絕對崇拜，所以它亦正是儒者之所以能有終極關懷的一項積極原因，二則它本是生生不息的創生實體或創造性真幾，因此它之內在於我們的生命中而為我們的實存主體時，此實存主體亦將永遠是樂善不倦、與時偕行的，所以《中庸‧第二十六章》在形容仁人君子的至誠無息時說：「《詩》云：『惟天之命，於穆不已。』蓋曰天之所以為天也；『於乎不顯，文王之德之純。』蓋曰文王之所以為文也，純亦不已。」

由上可知，儒者對於天道的嚮往和崇拜，就如同田立克的皈依上帝一樣，都是認同超越而絕對的真實所產生的信念，換句話說，就是信仰，亦由於此虔誠的信仰，所以儒者亦能如宗教徒一般，當仁不讓於師地投身於道德事業的理想，是即為信仰的動力，若說其中有什麼分別的話，那應該是引發我們之信仰的那個超越者乃彼此有所不同罷了。

---

8 筆者之所以將天道、天理、天命一併稱呼，是因為此三者雖然可以一致的做為儒者之終極關懷的理由，但在思想史的視野下它們則又有其不同的背景與殊勝，且孔子、孟子在提到它們時，似乎亦常是含融的表達而沒有清楚的釐清，例如根據牟宗三先生之義，孔子所說的天既有實體義的天，亦有實體帶著氣化、氣化通著實體的天（參見：牟宗三《心體與性體》第一冊，頁23-28）。凡此問題筆者亦將在下一章中再做討論。

二、天道的感應

　　儒家的開宗大師當然非孔子莫屬。孔子對於中國文化的最大貢獻，是豁顯了充滿人文精神之「道德的理想主義」的立場。[9]孔子他之所以能夠有此慧識和偉業，這和古人向來之以人爲中心而對自然採取正德利用厚生的態度當然有根本的淵源，[10]然而更直接的關係則是他之直指人心之仁，並由「踐仁以知天」的成德之教將《詩》、《書》裏面原帶有人格神意味的「帝」、「天」等觀念，成功地轉化爲對人完全敞開並唯賴人之道德實踐意識所面對、所驗證的終極實有，此一方面既充分朗現了人的道德主體性，一方面則在不失天道、天理、天命之莊嚴神聖的超越義的情況下，將天道、天理、天命的彰顯，託付在人的任重道遠上，如曰：「人能弘道，非道弘人」（《論語·衛靈公》）、「天將以夫子爲木鐸」（〈八

9　「道德的理想主義」是牟宗三先生對儒家之精義及其學術性格的總括性認定，他說：「儒家的文化傳統，其核心思想就是理性主義的理想主義，簡言之，就是道德的理想主義，切實言之，就是道德實踐理性之理想主義。這個理想主義可以徹上徹下徹裏徹外來成就我們人類的一切實踐的：個人的及社會的。……儒家文獻《中庸》裏說：『能盡己之性，然後能盡人之性；能盡人之性，然後能盡物之性；能盡物之性，然後可以參天地贊化育。』這是根據道德的實踐說的。這裏所說的參贊化育，境界極高。這是『道德實踐之理想主義』的最高理境。」牟宗三，《道德的理想主義》，頁 22-23，台北，台灣學生書局，1978 年。

10　唐君毅先生在討論中國人文精神之起源時有一極好的觀察和詮釋，他說：「人對自然物，簡單說有三種態度：一種是利用厚生的態度，一種是加以欣賞或以之表現人之情感德性之審美的藝術態度，一種是視之爲客觀所對，而對之驚奇，求加以了解的態度。中國古代人對物只偏在利用厚生的態度與審美的藝術態度。中國古人主要是依此二態度，成就其文物之發明與禮樂生活。中國古人發明文物或利用厚生之工具，當然亦要對自然用思想。但對其所成之器物，則只視爲供人之求生存於自然之用，與成就禮樂與生活之用者，則此思想，根本是人文中心的，而隸屬於人文思想之下。」唐君毅，《中國人文精神之發展》，頁 20-21，台北，台灣學生書局，1974 年。

佾〉）、「天生德於予」（〈述而〉）等等，從此天、人乃成為連續而貫通的兩端，[11]而「天人合德」或主體、實體的整全統一，就成了儒者的終極關懷，反過來講，如果只是在乎人間的道德，只是限於以人際間的倫常活動來定義道德，卻不悟天人終是相通者，亦不知道德之具有徹上徹下者，即非儒者的本色。

在《論語》中孔子對於天道、天理、天命的誠敬，是處處可見的，譬如他說：「獲罪於天，無所禱也。」（〈八佾〉）並常有「天厭之」的誓言，因此他能以「默而識之」的非認知心靈來接受天道、天理、天命的召喚，也就由於有這種「無取之知」的體驗，[12]所以孔子他說：「天何言哉？四時行焉，百物生焉，天何言哉？」（《論語・陽貨》）至於能夠表達孔子終極關懷之心得的，除了「知天命」、「畏天命」的人生經驗外，[13]其他莫過於〈憲問〉中他說的：「不怨天，不尤人，下學而上達，知我者其天乎？」蓋不怨天、不尤人乃仁者無限溫潤、絕對寬容之圓滿無罣的氣象，亦即人之道德心靈的充分實現，而它是人在當下的覺悟與不斷的自我提昇中，所努力證成的，在這種境界裏，人亦將親切感受到崇高神聖的超越者乃與我聲氣相通而心心相印者。

---

11 參見：牟宗三，《心體與性體》第一冊，頁20-23。
12 「無取之知」與「有取之知」相對舉，簡單地講就是承認實踐的智慧或內容的真理，因為它並不像「有取之知」在主客對立的格局下進行對象化的認知活動，也不是從經驗累積來獲得外在的知識，所以是無取的。義詳見：牟宗三，《生命的學問》，頁8-10。
13 在《論語》的〈學而〉孔子說：「五十而知天命。」〈季氏〉中孔子又說：「君子有三畏，畏天命，畏大人，畏聖人之言。」孔子的知其實就是對於終極存在的體認，畏則是超越意識在生命中的具體感受。又蕭宏恩先生解釋孔子的「畏天命」時也說：「『畏天命』之『畏』是『敬畏』，而非畏懼、害怕。『敬畏』是對人有限的謙恭，是對無上超越的崇敬，是人之德性對超越者依於宗教意識所顯發出來的宗教情操，在行動上則化而為宗教情操的展現。」蕭宏恩，〈由孔子之言「天」來看臨終關懷的生死情境〉。

　　對於天道、天理、天命的敬畏感乃是儒者所特顯的超越意識，此意識亦即是儒者終極關懷之所以油然而生的原因之一，若爲「乃所願，則學孔子也」（〈公孫丑上〉）的孟子也必然如此，否則就不配稱做孔子的私淑者。惟孟子畢竟是與孔子慧命相續，所以不但在主體上能將孔子啓迪的義理十字打開而以仁心善性確定人的真實地位，在終極關懷處亦復如是，例如他在論述或評斷人間事理時，每每出現以天爲尊或對天敬畏之意，像〈離婁上〉論上下役使之主客地位理當以德以賢爲依據時，說這是上天的規定，並警告世人：「順天者存，逆天者亡。」〈萬章上〉論堯舜禪讓之道時，認爲天下並非君王所可私下授受，堯之傳舜、舜之傳禹究其實乃是：「天與之」、「天受之」。此外，孟子有時還會藉助《詩》中的「天」來維護自己的意思，像〈梁惠王下〉對齊宣王說及交鄰國當以仁、智爲道時，引《詩》曰：「畏天之威，于時保之。」〈離婁上〉論國君當以文王爲師時，引《詩》曰：「天命靡常。」〈告子上〉論人性本善時，引《詩》曰：「天生蒸民，有物有則，民之秉彝，好是懿德。」諸如此類，不一而足。

　　對於受天之委託以彰顯天之意義的自覺上，孟子在〈盡心上〉是以「盡其心者，知其性也，知其性則知天矣。存其心，養其性，所以事天也。殀壽不貳，脩身以俟之，所以立命也。」和「君子所過者化，所存者神，上下與天地同流，豈曰小補之哉！」來呼應孔子的知天、知命。至若面對天道、天理、天命時，人之要有當仁不讓的使命感，孔孟兩人依然是一道而同風的，例如孟子他固曾自負地說：「待文王而後興者，凡民也，若夫豪傑之士，雖無文王猶興。」（〈盡心上〉）且當他引述孔子「不怨天，不尤人」的道理時，更藉題發揮地表示：「夫天未欲平治天下也，如欲平治天下也，當今之世，舍我其誰也？吾何爲不豫哉！」（〈公孫丑下〉）

也就因為如此，所以孟子他敢信誓旦旦地向世人承諾:「我亦欲正人心，息邪說，距詖行，放淫辭，以承三聖者。」(〈滕文公下〉)

　　另外，當我們發問:儒者為什麼能夠肯定人是可以聆聽上天的召喚而一起和上天相知相與?我們總發現在《論語》中孔子似乎只給了世人行動的啟示和人格的示範，卻不曾在理論上做清楚的分析演繹，這到後來的孟子才盡了這個責任。孟子他是再度又以其十字打開的手法，為此做精闢地解釋，如說:「誠者，天之道也;思誠者，人之道也。至誠而不動者未之有也，不誠未有能動者也。」(〈離婁上〉)從儒者「踐仁以知天」的成德之教來說，這不但為儒者「體神化不測於人倫日用之間」的行腳找到了沛然莫之能禦的源泉活水，也為儒者的終極關懷做了恰當的註解，在學理上更為後來《中庸》所成功的「道德形上學」開創了積極的可能。[14]

第二節　終極關懷的現實性根源

　　本章〈第一節〉中筆者是以信仰的動力和天道的感應來說明

14　「道德形上學」是牟宗三先生對儒家的形上學所做的詮釋和確認。依牟先生之意，「道德形上學」是由道德的進路而契接的形上學，蓋儒家之道德心性其繁興大用實即踐仁盡性的無限擴大，此特顯一宇宙的情懷而具足本體宇宙論的意義，亦即道德心性當下可轉化為寂感真幾之「生化之理」;然則，此寂感真幾之「生化之理」終需通過道德心性之支持而貞定其道德性的真正創造之意義，由此可見此道德心性乃是兼具道德界和自然界之意義者，而經由道德心性之實踐所證成之形上學，究其實是以道德為內容者。「道德形上學」的大義約如上述，詳見牟宗三《心體與性體》第一冊，頁172-181。「道德形上學」其主要特色不外是以價值決定存有或價值相對於存有有其優先性，方東美先生亦嘗云中國的形上學和價值論實不可分，中國的存有論是以價值為中心的存有論(參見:方東美，《方東美演講集》，頁103-104，台北，黎明文化事業股份有限公司，1980年)誠可謂英雄所見略同。

人之所以能夠有其終極關懷的超越性根源，本節則另提出一現實性的根源。相較於超越性之為形式的原因（formal cause），那麼現實性將是它的質料因（material cause），因為它是特別針對人的有性以及人間世界的不完美而必須不斷改善、提昇而說的。

一、人性的限制

　　人性的限制大約有兩個意思：一是指在現實的人生中，我們不管是「以義立命」或者「由命顯義」，內在的仁心善性總必須在主客觀條件的配當下做具體地表現；二是就人的生命來說，它自身就是一種「向死」與「向神」或「向道」同時具存的綜合體，「向神」或「向道」固可以使人傾注於不朽的意義，若「向死」者即宣告人不免都要死，換句話說人的存在也就是有限的存在。惟人性的限制雖然讓我們常覺得無可奈何，但它也能引發我們的終極關懷。

　　人是以實存的方式視聽食息於生活的世界。生活世界簡單地講，就是日常生活中我們所面對的一切人事時地物及其互動關係之總合。生活世界肯定為光怪陸離、百態雜陳者，且亦未必是稱情稱理者，事實上生活世界中正到處可見「眾欺寡，強凌弱，天地閉，賢人隱」的不良情形，然而若無地獄何來天堂？沒有五濁惡世的苦海沉淪又怎麼能令人產生西方淨土的精誠嚮往？如此說來，生活世界的不美滿，似乎也是人之所以會有終極關懷的理由之一，只是這種理由乃偏就發生學的意義而已。

　　再從哲學的角度看，生活世界不比於抽象思維中的邏輯世界，也不像言說話語所交織描繪而成的語言世界，更不同於理智概念所化約來的表象世界。生活世界是當下而具體的，它正確地說乃是可以讓我們用自己的身體去詮釋意義／開顯存有的空間或

場域。然而弔詭的是，當我們在對存有的意義做出詮釋的同時，就立即給了一個新的限制，換句話說，開顯與遮蔽是如影相隨、相反相生的，此有類於老子《道德經》講的「反者道之動。」(〈第四十章〉)，另外它和《易經·繫辭傳》說的：「一陰一陽之謂道」亦有其相通之處，惟此與本文無必然的關連，所以暫時不便多說。

然而，如果從德國哲學家海德格（Martin Heidegger, 1889-1976）所提議之基本存有學（fundamental ontology）的觀點來說，這種弔詭的情形乃是存有（Being）的無限性所必含的，且若存有是無限之奧藏的話，則人固然可以以其來自於存有的此在（being）為優先性，然而相對地，也凸顯出人之做為現世的此在是有其限制。根據這個道理，我們也可以說，就因為人是有限的，所以人必須再不斷地向上提昇，而所謂向上提昇則不外乎是人在生活世界中精神活動的精益求精、純亦不已。凡此，對於人之所以有終極的關懷來說，已然不是發生義的理由而是根源性的原因，且因為它是生活世界中的實踐，所以又是現實的。其實若是追根究底，我們不得不承認，現實世界的不完美最直接的因素還是人的有限性問題。

人永遠是有限的存在，這在西方世界是一個普遍的共識，基督宗教所以立一個萬能的上帝以審判和救贖人類，與此自然有關。然而在儒家則不純粹是從有限來看人類，蓋儒家本重人的主體性，且認為此主體性是可以與天齊德而參贊天地之化育的，所以《中庸·第一章》即說：「喜怒哀樂之未發謂之中，發而皆中節謂之和。中也者，天下之大本也；和也者，天下之達道也。致中和，天地位焉，萬物育焉。」在〈第三十二章〉也說：「唯天下至誠，為能經綸天下之大經，立天下之大本，知天地之化育。夫焉有所倚？肫肫其仁，淵淵其淵，浩浩其天。苟不固聰明聖知達天

德者，其孰能知之？」惟儒家總不會以人爲純靈，它還是必須承認身體依然是我生命的一部分，且主體或心靈亦得藉由身體的活動來呈顯它的意義，儒家之所以對「命」十分重視，原因就在這裏，此義下面再繼續分曉。

二、世道的艱辛

儒家如此莊嚴地挺立人的道德主體，用意是在爲人間的價值創造以及人文的理想實現建立一個穩固的基礎，惟儒家畢竟是具體實踐的學問，實踐之即是向上提昇之，向上提昇之亦即是終極關懷，這無疑是個永恒的歷程，同時意味著人生的艱難，所以唐君毅先生有「人在此世界中行，直向上看，又總是前路悠悠，隨時可覺日暮途遠」的感慨，[15]此外，牟宗三先生在闡釋「爲人不易」的道理時也曾經說道：

> 孔子之爲一個真正的人，是在「學而不厭，誨人不倦」這
> 不斷的永恒的過程裏顯示出來。真人聖人不是一個結集的
> 點擺在那裏與我的真實生命不相干。真人聖人是要收歸到
> 自己的真實生命上來在永恒的過程裏顯示。……真人聖人
> 的境界是在不斷地顯示不斷地完成的，而且是隨著你這個
> 「學而不厭，誨人不倦」的過程，水漲船高，沒有一個固
> 定限制的。我們這樣子了解真人的時候，這個真人不是很
> 容易的。……因爲這不是在吸取廣博的知識，而是在不厭
> 不倦中呈現真實生命之「純亦不已」，這是一個「法體」、「仁

15　唐君毅說：「人在此世界中行，直向上看，又總是前路悠悠，隨時可覺日暮途遠。而此中的甘苦，亦猶如世間人在日常生活中的甘苦，常是無法爲外人道的。人把他於此世界之所得者，表露出來，而流落人間，供後人享受，後人崇敬；但在當時，他的精神卻常是極端寂寞而不被了解的。」唐君毅《人生之體驗續編》，頁56，台北，台灣學生書局，1978年台再版。

體」的永永呈露，亦即是定常之體的永永呈露。[16]

人生之需要不斷地攀升，人生之需要經常地實踐，從積極上講固然是主體的能動性、創造性之不容已，但消極地講則是人之向上提昇的同時，常又不免人的有限性所拖累而流於顛倒沉淪，此誠如唐君毅先生所說：

> 此心靈或生命存在之自體，乃原具無限性，而是以超越一切有限量者，為其相貌與情狀的。……即此超越的無限者，須表現於現實之有限中（如其有限的現實生命之存在，有限的身體，及各種有限的現實生命之活動，與有限的所有物等），而他會順此現實之有限者之所牽連。[17]

因此儒家終究不能漠視人的有限性問題，蓋就因為人是有限的，所以才必須講實踐、重修行，人若是無限的話，則人間當下就是天堂，此岸即為如來淨土，那又何苦勇猛精進、轉識成智？又何必再困知勉行、思參造化呢？牟宗三先生曾說在上帝和動物之處都不能說、亦不必說實踐，只有人間世才有實踐的問題，[18]此誠是不刊的諦論。其實我們若從哲學人類學（philosophical anthropology）來考察的話，應該很容易就會發現，儒家雖然肯定人性、對人性充滿樂觀，但也從來沒有忽略人是有限的存在這個事實，它對人的定位應該是：「雖有限而可以無限。」更貼切地講，就是「在有限的人生歷程或個別遭遇中，實現高明、悠久、博大的意義價值，以見證生命理想的永垂不朽。」

對於人的有限性，一般人想到的是死亡的問題，但是除了這個偏生物學的事實外，有限性還意謂著對真實自我的障蔽或負

16　牟宗三，《生命的學問》，頁 121-122。
17　唐君毅，《人生之體驗續編》，頁 129-130。
18　參見：牟宗三，《中國哲學十九講》，頁 4-6。

累，中國傳統儒釋道之生命的學問，顯然著重在後者，這或許和儒釋道同樣認爲死亡問題和生存問題原是不可分割者有直接的關係，儒釋道更同樣強調，如果能夠清除生命中的障蔽而充其極現其理想的話，那麼死亡的問題也就一併解決了。對於人生負累的成分，佛道兩家有非常深切的體驗，所以原始佛教講十二緣起以「無明」爲首，道家中的莊子則慨嘆「人之生也固若是芒乎」（《莊子・齊物論》），它們的教義亦以消融生命中不可或免的病痛爲首出。儒家則沒有無明、芒昧等觀念，它是從正面上挺立人的道德主體，並希望人人能夠意識到主體的存在而充分展露它的創造性以「範圍天地之而不過，曲成萬物而不遺」，惟孟子卻在大體之外同時注意到小體的存在，從此形成了儒家討論人的有限性、亦即人之對真實自我的障蔽時的一個焦點。

　　在前章中筆者曾指出，孟子既以小體是與生俱來的所以爲命定，且它恒不可予取取求、爲所欲爲，所以又是命限的，至於能對小體實施統轄節制的，則是能做道德之反省與自覺的大體。然而孟子固然提供我們一個思不出位、樂善不倦的人生大道，但也同時嚴肅警告我們，應該避免小體過度地被外物所誘引而流於跌宕激越，否則非僅難予收服調息，甚至會凌駕在大體之上形成我們生命的大逆轉，例如孟子在〈公孫丑上〉說：

　　夫志，氣之帥也；氣，體之充也。夫志至焉，氣次焉，故曰：「持其志，無暴其氣。」……志壹則動氣，氣壹則動志也。今夫蹶者，趨者，是氣也；而反動其心。

　　此章中的「志」應該就是人的道德意志，也就是生命中的大體或主體，所以孟子名之爲統轄者（帥）和最高者（至焉），相對地，「氣」就是被統轄的小體，但卻又是與生命俱在並爲生命之活

動所不可或缺者，因此孟子說是「次焉」和「體之充也」，[19]可見志與氣的縱貫性存在，乃構成了我們生命的型模。若生命的常態及應然，則惟是以意志爲至上，此將可使得一切身心的活動皆恰如其分、應乎其理，是之謂「志壹則動氣」，這種氣已然爲道德所馴化，並由於配義與道所直養之，所以能至大至剛而成爲「浩然之氣」，反過來講，若是「氣壹則動志」則是將志的優先性拱手於氣，這種「放其心而不知求」勢將造成生命的顛倒異位而爲個人及世間帶來莫大的災難。

　　生命的顛倒異位究其實就是人的仁心善性不能常做主宰，對於此等真實自我的障蔽或遺忘及其該有的復原之道，孟子又有極生動的比喻，這就是《告子上》說的：

> 牛山之木嘗美矣，以其郊於大國也，斧斤伐之，可以爲美乎？是其日夜之所息，雨露之所潤，非無萌蘖之生焉，牛羊又從而牧之，是以若彼濯濯也。人見其濯濯也，以爲未嘗有材焉，此豈山之性也哉？雖存乎人者，豈無仁義之心哉？其所以放其良心者，亦猶斧斤之於木也，旦旦而伐之，可以爲美乎？其日夜之所息，平旦之氣，其好惡與人相近

---

19 徐復觀認爲孟子這裏所說的氣，是指生理的綜合作用而形成的一種力量。徐復觀又根據朱熹的見解而歸納出「次焉」的雙關意義，蓋道德意志乃具有實踐上的優先性，所以氣相較之下當然是其次的，然而氣和道德意志的職分和地位雖然不同，兩者實又不可分者，換句話說，意志到那裏，氣亦隨之在那裏，所以「次焉」又有「舍止」的意思。參見：徐復觀，《中國思想史論集》，頁143-146，台北，臺灣學生書局，1974年。又，對於志與氣的可分而又不可分，曾昭旭先生曾說：「心因氣而落實，不再是虛的存在；氣因心（道德心）而透顯出意義，不只是清通的自然，而更有磅礴的熱力。所以說志是氣之帥（所以決定方向者），氣是體之充（所以充發熱力者）；志是本（至也），氣是末（次也），而本末交相養，所以當一面持其志，一面亦毋暴其氣。」此解亦佳。參見：王邦雄、曾昭旭、楊祖漢合著，《孟子義理疏解》，頁236。

也者幾希，則其旦晝之所為，有梏亡之矣。梏之反覆，則
其夜氣不足以存；夜氣不足以存，則其違禽獸不遠矣。人
見其禽獸也，而以為未嘗有才焉者，是豈人之情也哉？故
苟得其養，無物不長；苟失其養，無物不消。孔子曰：「操
則存，舍則亡；出入無時，莫知其鄉。」惟心之謂與？

　　孟子這裏所講的「旦旦而伐之」、「其旦晝之所為，有梏亡之
矣」，都是針對小體之不願聽命於大體且又不斷放肆坐大、進而喧
賓奪主而說的，他同時剴切地告誡我們「其違禽獸不遠矣」，可見
這是在生命理想的實踐上，一件攸關重大的事，因為它是退轉沉
淪之途，當此之際，就惟有記取「操則存」的訓誨才是我們唯一
的解套，蓋誠如杜維明先生所說，這是內在之治療和培育的方法。
[20]更值得注意的是，小體原本就是我們與生俱有的，則它之可能
障蔽我們的真實自我，也是伴隨著我們一生，無時無地都會發生
的，如此說來，則道德的惕厲奮勉非但是不可須臾或離的，同時
也是任重道遠而為真正儒者所難予釋懷的，孔子故曰：「德之不
脩，學之不講，聞義不能徙，不善不能改，是吾憂也。」（《論語‧
述而》）孟子亦云：「君子有終身之憂，無一朝之患也。乃若所憂
則有之，舜人也，我亦人也，舜為法於天下，可傳於後世，我猶
未免為鄉人也，是則可憂也，憂之如何？如舜而已矣。」（〈離婁
下〉）《易‧乾卦‧文言傳》則有：「天行健，君子以自強不息」的
呼籲，凡此都不約而同地表達了對人道實踐的永遠關懷。

　　儒家的人道關懷緣於人都有其命限命定的氣性感性，而這種
人道關懷亦將是終極的關懷，因為它誠如《大學》所云是要「止

---

20 杜維明先生說：「『操則存』是指自我轉化的內在決定，是種內在治療和培
育的方法，而此療育兩者對心靈的修養都是充分而必要的。」杜維明，《人
性與自我修養》，頁 85-86，台北，聯經出版事業股份有限公司，1992 年。

於至善」的，更具體地說則是「老者安之，朋友信之，少者懷之」（《論語‧公冶長》）或「大道之行也，天下爲公。選賢擧能，講信修睦，故人不獨親其親，不獨子其子。」（《禮記‧禮運》）之全然道德化的大同世界，而至善之處其實也就是天道、天理、天命的自見自明處。此外，孟子復曾說這乃是盡心知性以知天的事，若天之可知就惟賴我們能夠盡心以知性，若盡心總不外乎是在「操之則存，舍之則亡」的張力下步步證成的話，那麼人的有限性及人之自覺其有限性當然也是我們之所以能夠有終極關懷的因素之一了。[21]

第三節　終極關懷的宗教性進路

終極關懷之所以有其進路，是因爲它原本就是生香活意而充滿實踐之可能的向上之路，此向上之路從內容來說，不外乎是基於精神心靈的盼望而以存在地省思和實踐來體現、親證那絕對、永恒、普遍、超越的存有之基或造化之主，其中至少涉及到價值取向的問題以及修養歷程的問題，甚至在廣義上還包括對最終理想的奉獻問題等，本節則以宗教性進路爲題而討論之。

一、道德的宗教

我們不得不承認終極關懷無乃是帶著強烈之宗教情操的，所

---

21 唐君毅先生說：「人如真念及其上壽不過百年，終不免乎一死，或念及吾人之生命精神與他人生命精神之貫通範圍終有限，及吾人備福德於世間能力亦有限之時，則求不朽與神之念，仍將不能自已而生。」此當可爲本段的最佳結論。唐君毅，《中國文化之精神價值》，頁431，台北，正中書局，1979年修訂本。

以它的進路當然也離不開宗教或宗教性的設定。宗教性的進路最直接的表現，就是信仰某一種已然組織化、制度化的宗教（organized or institutional religion），在形式上這包括：虔誠地在教義的引導下參與其儀式、恪遵其戒律、誦習其經論、宣揚其教理、奉獻其活動和崇敬其教主等，不過其真正的目的還是在於能夠勘破生命的無明、解除生命的桎梏、超離生命的困阨以證成生命的神聖安詳而自己法喜充滿。

然而宗教性的進路卻不能等同於對制度化宗教的信仰與皈依，這個理由很簡單，因為人的向上之路是不能被規約、壟斷的，且宗教的本質原本就是寬厚容忍、與人為善的，所以任何對神聖美善的虔誠也應該被慈善或慈悲的開放性宗教所積極肯定才對，如果不是如此就證明了該宗教本身的獨裁與傲慢，是亦即其自我的矮化、異化而變成反宗教。傅偉勳先生曾經區分兩種宗教類型：一是單獨實存的真實本然性宗教（true and authentic religion），另一是制度化的非本然性宗教（institutionalized and inauthentic religion），並且表達了他化解宗教存在的危機以及純化宗教的願望。[22]當然傅先生並非將所有組織化、制度化的宗教都看做是非本然性的反宗教，而是認為它們因為「常以歷史傳統，既成組織（教會、僧伽等等）或既得權威，歪曲原先的真實本然性的宗教真理，而以客觀化、絕對化、外在化的片面方式，轉變成為獨斷教條，不容具有開放性、進取性的教義詮釋」，[23]因此如何維持其原有的真誠就變得特別的急迫和需要。

儒家的義理及其實踐，當然不能和已然組織化、制度化的各宗教相提並論而成為普世中的宗教之一，甚至它能不能合乎宗教

22 傅偉勳，《死亡的尊嚴與生命的尊嚴》，頁 185。
23 同前註所揭書，頁 186-187。

的要求而成為廣義中的儒教也是存有爭議，例如陳郁夫先生即反對儒教的說法，其理由是：

（一）儒家雖然把人的「性命」推本到天，但儒家的天不是人格神，儒者祭天地只是「崇德報功」，並不是向天祈禱求助。同樣的，儒者祭祀祖先也不是祖靈崇拜，而是由孝道推演出「事死如事生」的行為，希望收到「慎終追遠，民德歸厚」的效果。（二）所有的宗教都以超人文、超社會、超政治的目標為號召，儒家雖視富貴如浮雲，但視「位」為「聖人之大寶」，如能得其「時位」，便能對社會群體做出貢獻。孔子的志向為「老者安之，少者懷之，朋友信之」，並沒有超人文、社會、政治的目標。（三）所有的宗教都有超自然的信仰和神秘的經驗，儒家大體不具有這些性質。（四）大部分的宗教都以信仰為中心，儒家則重視理性，不重信仰。因此我們不把儒家當作宗教來看待。[24]

依據陳先生的敘述，那麼儒家純然是現世的或俗世的，它的義理及其實踐除了不可能成為一種宗教之外（不管是廣義的或狹義的），若如其第二個理由所言，則即使是宗教性和超越性儒家也都談不上，這種的理解是否恰當，就不禁令人疑慮，尤其他將信仰唯獨歸諸於宗教，誠如論者所言已不免是種偏狹，[25]而最後更藉由理性與信仰二者的對立，不留餘地將儒家完全排除在「內容真理」的範圍之外，則儒家學問將只成為知識性的倫理學、政治學、教育學而已，諸如此類顯然都是一種很大的誤解，也就是犯了這個錯誤，所以無怪乎他從來就不承認儒家有什麼終極關懷的

---

24 陳郁夫，《人類的終極關懷》，頁 7-8，台北，幼獅出版社，1995 年。
25 參見周慶華〈儒家與基督宗教的終極關懷 —— 一個對諍性對話的探討〉；鄭志明主編《儒學與基督宗教對談》，頁 274，嘉義，南華管理學院，2000 年。

存在。[26]

　　立場和陳先生止好相反的，則以爲儒教才是最合乎孔子立教之原意的，且儒家之所以是儒教最要的原因是它原本就以神性義的天爲最高的真實，譬如李杜先生就是這種主張。李先生又將儒學和儒教做了一個區分，而他所謂儒學亦有兩個不同的意思，即孔子所開展的儒學和宋明以降的儒學，而真正的儒學當然要以前者爲是。李先生對孔子儒學的形容是：

> 孔子於繼承周文而建立儒學之外，亦因應人的整個生命要求而說儒學；由此而說的儒學，總括地說是依人的整個生命要求而爲說；分別地說，即 1.儒學因應人的宗教性嚮往與期待，而肯定人的此一嚮往與期待，……。2.儒學因應人的政治性的群居要求，而肯定此一要求，……。3.儒學因應人的倫理、道德的生命要求，而肯定此一要求，……。4.儒學因應人的文學、藝術的生命要求，亦肯定此一要求，……。5.儒學因應人的自然生命的要求，亦肯定此一要求，……。[27]

　　李先生蓋認爲孔子的儒學是以人的全向度要求爲內容的學問，若宗教性之要求也是人的生命所必須的話，則孔子儒學之具有宗教的成素亦宜矣。

　　復次，李先生又認爲，宋明以後的儒學是將原來孔子儒學中所具之宗教神格義的天完全的哲理化，而以玄思想像的天理來代替本來之神性義的天道，殊不知這已然放棄孔子立教時所特有的

26　在陳郁夫先生《人類的終極關懷》一書中即沒有提及儒家。

27　李杜，《儒學與儒教論》，頁 51-52，台北，藍燈文化事業股份有限公司，1998年。

宗教性的超越論的形而上學，而只有存有論的形而上學。[28]至於儒學和儒教的分別，李先生則肯定兩者一樣都是承認神性義的天而帶有宗教性的，而其中的不同，只是前者乃概念的說明而後者為實踐性的表現而已。[29]最後，李先生並且一再強調，儒教和其他宗教如佛教、基督教等在形式上並無太大的差異，因為它們都同樣強調教化的功能、同樣有出世的思想、同樣有淨土的信念、同樣有神秘的體驗，不過在內容上當然各有其殊勝處，其中儒教是和政治相結合以進行其教化的功能，這又是其他各宗教所沒有的。[30]

　　從李先生之力主儒學即儒教的態度，我們可以想像他對儒者之有終極的關懷是多麼地肯定，然而筆者認為李先生是和陳先生對立的另一個極端，它的最大困難是沒有辦法去說明儒家的人文精神將如何取得一合理的根源，也沒有辦法去解釋為什麼孔子說「人能弘道，非道弘人。」筆者乃以為，若牟宗三先生之不以神道設教的來定義儒學而視之為「即道德即宗教」之「道德的宗教」者才是恰如其分的見解，牟先生說：

> 此「內聖之學」亦曰「成德之教」。「成德」之最高目標是聖、是仁者、是大人、而其真實意義則在于個人有限之生命中取得一無限而圓滿之意義。此則即道德即宗教，而為人類建立一「道德的宗教」也。此則既與佛教之以捨離為中心的滅度宗教不同，亦與基督教之以神為中心的救贖宗教不同。在儒家，道德不是停在有限的範圍內，不是如西方者然以道德與宗教為對立之兩階段。道德即通無限。道

28　參見同前註所揭書，頁 17 及頁 254。
29　同前註所揭書，頁 292。
30　參見同前註所揭書，頁 3-5 及頁 66。

德行為有限，而道德行為所依據之實體以成其為道德行為
者則無限。……體現實體以成德（所謂盡心或盡性），此成
德之過程是無窮無盡的。要說不圓滿，永遠不圓滿，無人
敢以聖自居。然而要說圓滿，則當體即圓滿，聖亦隨時可
至。要說解脫，此即是解脫；要說得救，此即是得救。要
說信仰，此即是信仰，此是內信內仰，而非外信外仰以假
祈禱以賴救恩者也。[31]

　　牟先生的看法是將儒學定位為「道德的宗教」，因為是道德
的，所以有其世俗性，然此道德乃是以超越之實體為實踐的依據，
因此又能興發人之對無限的嚮往和憧憬並在德行上純亦不已，然
則儒家對道德的定義終不能只限於俗世間者，尉遲淦先生曾說：
「對真正儒家而言，一個人如果沒有從存在意義的自覺轉向超越
意義的自覺，那麼他（她）的道德實踐就沒有得到真正徹底的完
成。」[32]龔道平先生亦云：「儒者的悲願是以超越情懷俯視人類並
由此生發出的『拯救』意識。」[33]凡此都同樣是呼應了牟先生「道
德宗教」的意思，由此可知，儒學雖不盡然是以神性義的天為崇
敬膜拜之對象，卻在廣義上仍可以視之為一種宗教，蓋超越之實
體已足以充分顯示儒學是具足宗教意識而不異於宗教的基本要求
者。又黃俊傑先生亦曾對宗教提出「剛性」與「柔性」的兩種定
義，他說：

所謂剛性定義下的「宗教」，是指具有階層嚴謹的神職人員
以及程序森嚴的祭祀儀式等外在儀式的「宗教」。所謂柔性

---

31 牟宗三，《心體與性體》第一冊，頁6。
32 尉遲淦，〈論儒家意義治療的兩重意義〉。
33 龔道平，〈儒者的悲願與「聖人」的視界〉，《鵝湖月刊》第276期，1998年
　6月。

定義下的「宗教」，是指個人的或社群的、現在的或歷史上的對於超越性的本體的一種敬畏情操。前者則是哲學、神學性以及思想史加特感興趣的領域，田立克所謂的「終極關懷」，以及奧圖（Rudolf Otto, 1869-1937）所謂「莊嚴的事物」（the numinous），都屬柔性定義下的「宗教」之範圍。[34]

黃先生的意見也可以為牟先生做出有力的支持，若然者，則相較於陳先生和李先生的兩個極端，牟先生的洞見確然可以說是中庸之道而恰到好處，筆者乃心悅而誠服之。

二、儀式的意義

若依上節黃俊傑先生所區分之宗教的剛性定義和柔性定義，那麼儒家之所以能被定位為道德的宗教，純粹是以後者為標準才得到承認的。剛性定義下的宗教是具足一切宗教的條件，這當然也包括儀式和戒律，有趣的是，對於儒家是否具有儀式和戒律的這個問題，剛性定義下的宗教家也是強烈質疑的，惟筆者願意借黃先生的方式同樣指出，如果儀式和戒律也可以用剛性和柔性的方式來區別的話，那麼儒家雖然未必擁有前者，卻一定具有後者。

宗教的戒律指的是靈修時所必須遵守的規範，也就是虔誠「向神」之時所展現出來的儀則，此戒律儀則通常也被認為是一種神諭或天啟，所以它的神聖性是遠遠高於世俗的道德之上，是以當人在向上跳躍以求上帝之恩寵的時候，捨道德以守戒律那就理所當然了。然而在儒家之即道德即宗教的型態中，神聖的戒律和世俗的道德之間顯然就沒有這種超越的區分，蓋儒者的本願乃

---

34 黃俊傑，《東亞儒學史的新視野》，頁 109，台北，喜馬拉雅基金會，2001年。

是一心真誠地「向道」，而道既是內在的本心，也是客觀的理想，同時更是超越的真實，所以儒者的倫常生活其實就是一種宗教的活動，他也不必在世間的道德之外，另立一超道德的戒律，凡君臣有義、父子有親、長幼有序、夫婦有別、朋友有信等就是儒者的規範和戒律，若說戒律是一定要有強制性的話，那麼像孔子說的：「志士仁人，無求生以害仁，有殺身以成仁。」（《論語·衛靈公》）以及孟子之嚴於義利之辨、人禽之辨和生死之辨，無非都是儒家的戒律了。

以此之義來看儒家的道德儀式，則其具有柔性之宗教性的意義那就更不用說了，至於其中最典型和最重要的，莫非就是祭禮，這包括了祭天地、祭祖宗和祭聖賢等三祭。人類的儀式行為本來就具有高度的象徵性、隱喻性和意義性，因此有人說：「尊重生命的文化會保留神話和圖騰，委棄它們，生活會越過越沒有人性。」[35]「向神」的宗教儀式常是以人之卑微或渺小來表示對天神的敬畏，並由此而心生懺悔之意及祈福之願，儒家的儀式依其正常義則純然是出自一種道德真情的不容已，唐君毅先生就說：

> 我們雖承認儒家之重盡心知性，身體力行，由近及遠之道，足以使人安身立命，然我們亦不能以只有此現實的家庭、社會、國家、人類內部之道德實踐，即足為儒家之精神生活之全幅內容。人在如此現實的家庭、社會、國家、人類中之道德實踐歷程，在其層層進展中，固為使吾人之生命不斷擴大，而實顯吾人之心之性情之流行，或昭露吾人此心之超越性、無限性者。然此現實的家庭、社會、國家、人類，要為一有限之存在，吾人生命之擴大，心之性情之

---

35 Carl. A. Hammerschlag 原著、汪云譯，《失竊的靈魂》，頁14，台北，遠流出版社，1994年。

流行等，要不能安於此限制之內，而終必將洋溢出於其外，且進而洋溢出於特定的自然物，如禽獸草木等之外。由此儒家之心情，即達於另一種形而上的及宗教性之境界。此即對天地、祖宗、及歷史人物或聖賢之祭祀崇敬的心情。[36]

　　唐先生的解釋，其實仍不外乎從內在本心、客觀理想和超越真實三者的同質同德及其通貫連結，恰當形容三祭之所由來，潘英海先生曾指出：「儀式所『儲存』與『表達』的是有關人類三方面的生活訊息：一是有關人與自然之間關係的訊息；二是有關人與人之間關係的訊息；三是人與自己內在世界的訊息。」[37]唐先生之說蓋能深切表示此意涵，更有進者，唐先生亦且根於此一對儀式的深切理解而肯定三祭的即道德義即宗教義，以及相對於剛性宗教的祭典它所可能優越之處，他說：

> 祭祀時，吾所求者，乃吾之生命精神之伸展，以達於超現實之已逝世之祖宗聖賢，及整個之天地，而順承、尊戴、祖宗聖賢及天地之德。則此中明有一求價值之實現與生發之超越的圓滿與悠久之要求之呈現，乃視死者亡而若存，如來格生者，以敬終如始，而致悠久，使天地與人，交感相通，而圓滿天人關係。則此三祭中，明含有今人所說宗教之意義。……以中國三祭中之宗教性意識，與有教會，有僧侶，有為神所啟示之經典及獨斷之教條，重祈求及信定數之神或唯一之神，並信一絕對超現實世界以上之神佛之其他宗教之意識互相相較，則此三祭中之宗教意識，似較缺乏宗教性之堅持與迫切感，及由超世間與世間之對

---

36 唐君毅，《中國人文精神之發展》，頁 381-382。
37 潘英海，〈儀式：心靈的敘說與數術〉，收錄在汪云譯，《失竊的靈魂》一書中，並為該書卷首的推薦專文。

峙，而生之超越感。然此畢竟為得為失，則未易言。……
而中國傳統之宗教性的三祭，則因其不重祈求而特重報
恩，故此祭中之精神，為一絕對無私之向上超升伸展，以
達於祖宗、聖賢、天地，而求與之有一精神上之感通，則
此中可不生任何流弊，而其使人心靈之超越性無限性得表
現之價值，則與一切宗教同。[38]

　　三祭的儀式乃如此地承載著道德與宗教的意義，所以儒家傳
統就以「天地君親師」為宗主牌，今見《論語》中有如是的記載：

1. 孟懿子問孝，子曰：「無違。」樊遲御，子告之曰：「孟
   孫問孝於我，我對曰：『無違。』」樊遲曰：「何謂也？」
   子曰：「生，事之以禮；死，葬之以禮，祭之以禮。」（〈學
   而〉）

2. 子曰：「非其鬼而祭之，諂也；見義不為，無勇也。」（〈為
   政〉）

3. 孔子謂季氏：「八佾舞於庭，是可忍也，孰不可忍也？」
   （〈八佾〉）

4. 三家者以雍徹，子曰：「『相維辟公，天子穆穆』奚取於
   三家之堂？」（〈八佾〉）

5. 子曰：「人而不仁如禮何？人而不仁如樂何？」（〈八佾〉）

6. 林放問禮之本，子曰：「大哉問！禮，與其奢也，寧儉，
   喪，與其易也，寧戚。」（〈八佾〉）

7. 祭如在，祭神如神在。子曰：「吾不與祭，如不祭。」（〈八
   佾〉）

8. 子曰：「禘自既灌而往者，吾不欲觀之矣。」（〈八佾〉）

---

38 唐君毅，《中國人文精神之發展》，頁 383-386。

9.子入太廟，每事問，或曰：「孰謂鄹人之子知禮乎？入太廟，每事問。」子聞之曰：「是禮也。」(〈八佾〉)

10.子貢欲去告朔之餼羊，子曰：「賜也，爾愛其羊，我愛其禮。」(〈八佾〉)

11.仲弓問仁。子曰：「出門如見大賓，使民如承大祭。」(〈顏淵〉)

12.子曰：「禮云禮云，玉帛云乎哉？樂云樂云，鐘鼓云乎哉？」(〈陽貨〉)

13.子張曰：「士，見危致命，見得思義，祭思敬，喪思哀，其可已矣。」(〈子張〉)

14.所重民食喪祭。(〈堯曰〉)

　　禮是一種儀式，祭祀則是儀式中的一種，綜合以上這些文獻的意思，我們可知道，孔子十分肯定儀式尤其是祭典的重要，所以一有機會學習就不輕易放棄，但他對於儀式典禮的得體或不得體亦有清楚的要求，以祭祀來說，它在內在上必須以虔敬之心為根據，形式上則應該不能違背客觀制度的法則性，若身分不恰當或內在無本，孔子是不以為然的，至於一般的儀式孔子的態度也是如此地謹嚴。他更認為，一個虔敬且合法的祭祀典禮，乃是開啟我與祖先神明之互通交感的重要儀式，假如將它轉移到現實社會的經營上，則同時即是一個管理者或領導者本身最重要的修養，由此可見儀式的參與對孔子來說，是兼具道德和宗教的雙重意義的，然而有些學者以為孔子如此的重視儀式，亦不過是統治者藉神道以設教的手段罷了，[39]筆者深深不以為然。

---

39 段德智說：「孔子有『重民食喪祭』之說，他把喪、祭同民、食並列，足見他對鬼神問題和喪祭問題的重視，足見孔子死亡哲學的準宗教性格。但是，在孔子的死亡哲學裏，不管事鬼問題或喪祭問題多麼重要，歸根到底，也

　　孔子的重視祭祀儀式及其必須在內在和形式上完全得體，孟子亦十分能夠體認，所以孟子曾說：「士之失位也，猶諸侯之失國家也。《禮》曰：『諸侯耕助以供粢盛。』夫人蠶繅以為衣服，犧牲不成，粢盛不潔，衣服不備，不敢以祭。」（〈滕文公下〉）而在論堯舜禪讓之道時，孟子更明白指出其最後的印證是：「使之主祭，而百神享之，是天受之。」（〈萬章上〉）此外，孟子亦曾對孔子做辯護，他說：「孔子為魯司寇，不用，從而祭，燔肉不至，不稅冕而行。不知者以為為肉也，其知者以為為無禮也。乃孔子則欲以微罪行，不欲為苟去，君子之所為，眾人固不識也。」（〈告子下〉）可見對於儀式祭典的合乎客觀制度，孟子也是如同孔子而感同身受的。

　　不過，孟子又嘗曰：「民為貴，社稷次之，君為輕。是故，得乎丘民而為天子，得乎天子為諸侯，得乎諸侯為大夫。諸侯危社稷則變置，犧牲既成，粢盛既潔，祭祀以時，然而旱乾水溢，則變置社稷。」（〈盡心下〉）可見孟子對於宗教性的權威，在態度上顯然較孔子是來得開明多了，這是長期以來宗教人文化的現象所必然產生的影響，此義則留在下一章中再做探討。

第四節　終極關懷的人文性進路

　　人文性的進路意指在人文、人道、人性、人倫、人事的建構與創造中，表現其終極的關懷，此乃是儒學之「即道德即宗教」

只是統治者用以教化民眾推行仁治的一種手段。」段德智〈『不出而出』與『出而不出』── 論孔子死亡哲學的理論特徵〉，《鵝湖月刊》第 289 期，1999 年 7 月。

的最大特色。一般以爲終極關懷必不同於現實的關懷，例如傅偉勳先生「現代生死學與生死智慧」所列的生命十大層次中，前七個層次即屬於現實的關懷，它們和第九層的終極關懷自然有所區別，然而據牟先生「亦超越亦內在，亦內在亦外在」的說法，則儒者的終極關懷究竟和現實關懷是不可分的，更真切地說，儒者的現實關懷是以終極關懷爲根據和目的，而所謂終極關懷亦不可切割在現實之外以進行者。終極關懷既然不是隔絕於現實之外，那麼它的人文性進路也就不難理解了。

一、人文的精神

終極關懷的人文性進路，其實就是人文精神的彰顯。「人文」顧名思義就是人類所創發或彰顯的文風、文制、文學、文藝、文明和文采，亦即是人類以其主觀地能動性自覺地去對天地人我的擘畫經營，所不斷累積下來的成就和結果。人文的出現與建構代表著人類已然能夠超越原始的盲昧，並註記著歷史的開始，所以《易經·賁卦·彖傳》說：「觀乎天文以察時變，觀乎人文以化成天下。」

人文亦不外乎是人類之綜合的生活方式，它的內容概括了知情意對於真善美之探索、判斷、抉擇和認同等等的活動和經驗，職是之故，人文本色即同時存在著積澱與成長的雙重性格。蓋人類憑藉著他得天獨厚的天賦，既能夠成就及記憶人文的業績，亦可以將此業績傳播開來、傳承下去，或者據此結果踵事增華地興發更多更新的結果。儒家的學術性格牟宗三先生一向斷定它是「道德的理想主義」，但牟先生也曾經直接規定它爲人文主義，例如他說：

孔子之「道」完全扣緊「文統」而言之。……此種立場名

　　　　曰人文主義，亦無不可。古有「人文化成」之成語，此可
　　　　爲儒家人文主義之確定。人文化成者，以人性通神性所定
　　　　之理性化成天下也。就個人言，以理性化成氣質，所謂「克
　　　　己復禮天下歸仁」也。就社會言，則由理性之客觀化而爲
　　　　歷史文化以化成天下也。化成之義大矣哉！[40]

　　不管以理性化成氣質，或者由理性之客觀化而爲歷史文化，
都屬於道德的表現，而能有此表現的理性依據則是可通於神性
者，凡此諸義，都不外乎是「道德的理想主義」的義理之必然者，
所以牟先生對儒學的詮釋是一致的。同時，唐君毅先生亦認爲，
儒家的人文主義並非西方人講的 humanism 所能盡，這是因爲
humanism 所顯之精神是全然以人爲絕對的優位，其不但與神本、
物本主義相對抗，而且與神、物亦存在著緊張關係者，因此常有
偏頗於「人類中心主義」的可能危機，若儒家的人文主義則迥然
不同，它以人的心靈既可上通於神亦能下涵於物，由此不會有「人
類中心主義」的獨斷與封閉，所以應稱之爲「理想的人文主義」
（idealistic humanism）或「人文的理想主義」（humanistic idealism）
才較妥當。[41]

　　儒家誠如唐、牟兩先生所顯示的，乃是以道德理性的顯揚爲
價值創造之根據，求其極成參贊天地化育之理想的人文主義者。
儒家是要在當下的生活世界中做「志於道，據於德，依於仁，游
於藝」（〈述而〉）的人生實踐，實踐之同時亦即人文化成之，其光
采是天下文明、王道蕩蕩。儒者固然基於血緣的遠近而主張親疏
有別，但也從來不曾忘記「一體之仁」過，此猶如儘管孟子曾似

40　牟宗三，《道德的理想主義》，頁 6。
41　參見：唐君毅，《人文精神之重建》，頁 590-592，台北，台灣學生書局，1974
　　年台一版。

分別性地說：「老吾老以及人之老，幼吾幼以及人之幼。」（〈梁惠王上〉）和「親親而仁民，仁民而愛物。」（〈盡心上〉）但到最後一定會同體肯定地表示：「萬物皆備於我，反身而誠，樂莫大焉，強恕而行，求仁莫近焉。」（〈盡心上〉）。儒家亦可有宗教的情懷和宗教的參與，如孔子曰：「祭如在，祭神如神在」、「吾不與祭，如不祭。」（〈八佾〉）然而儒家終究是入世的，不但是入世而且就在「君君，臣臣，父父，子子」（〈顏淵〉）的人倫綱紀和「周監於二代，郁郁乎文哉！吾從周」（〈八佾〉）的文化使命上積健爲雄、任重道遠，所以孔子說：「鳥獸不可與同群，吾非斯人之徒與而誰與？」（〈微子〉）。

在傳統的哲學思維中，天地人我的存在和關係原是渾然一體的，其爲一有機性的整全乃均衡、和諧而不可分割者。[42]基於此義，所以任何一個能夠充其極實現自我的人格，當亦必是統貫浹洽宇宙萬有、並與之共生共榮的整全人格。換句話說，人是以萬有共成之場域中的一分子而出現，他的實存則是因爲其能呼應存有的召喚、進而開顯天地宇宙的無盡奧藏，李瑞全先生並說：

> 人與天地萬物為一體的理念起碼不容許人類為自己的生存而剝奪其他物種的存在，而要求有一種互助共存的取向。一方面，人由於具有明顯的道德理性而被賦以最高一類的價值層位，也同時被要求擔負遍及一切存在的道德義務。[43]

---

42 方東美先生對我國傳統思想所凝聚出來的這種哲學的通慧有很好的說明和詮釋，並形容爲「廣大悉備之和諧」（All-Coprehensive Harmony）。參見：方東美〈中國哲學之通性與特點〉，《方東美演講集》，頁 81-83。又黃俊傑先生又稱此爲不將天、人、身、心、群、己等斷爲兩橛的「聯繫性的思維」。參見：黃俊傑《孟子思想史論（卷一）》，頁 20，台北，東大圖書公司，1991年。

43 李瑞全，〈儒家論安樂死〉，《應用倫理研究通訊》第 12 期，1999 年 11 月。

　　凡儒者之對自我的要求以及期待於人類的努力者蓋有如此
也，而儒家之所以能夠成為大中至正的人文主義，亦莫過於此，
陳德和先生曾綜括這些意思而以「創造性的人文主義」來形容它，
如曰：

> 儒家所開顯的創造性人文主義，從生命的理想說，是在興
> 發世人「踐仁以知天，體物而不遺」的嚴肅意義，它點醒
> 世人必須找回不安不忍的內在仁心以為立志行世的活水源
> 頭，並擴而充之企求人生人際的倫理化而成為永恒的常
> 道；再從歷史文化的三代傳承看，它不但肯定周文禮樂，
> 同時也進一步超化其理、普化其性，讓此一善的形式在因
> 革損益中回應著不同時代的特色，表現出典範之與時俱行
> 的價值。合此二義，亦可見創造性人文主義在客觀意義和
> 集體實踐上的重要啟示。至於創造性人文主義的內容特色
> 則又可約之為三：一是陽剛健動，二是倫理優位，三為肯
> 定人本。[44]

　　像陳先生如此的形容儒家以及儒家的人文主義，可說是切中
肯綮並恰如其分，尤其他所標示的三個義旨，凡古今儒者應皆能
欣然同意之。

二、教育的事業

　　人類文明的進步與發皇，正是人類之好奇、質疑、探索、辨
析、澄清、塑造、突破、創發的連續性過程，也是典範（paradigm）
之授受與承繼的教育過程。就此而言，人文和教育是如影隨形的，
教育的精神即是人文的精神，人文的活動亦往往是教育的活動，

---

44 陳德和，〈孔子的創造性人文主義〉，《鵝湖月刊》第 291 期，1999 年 9 月。

且兩者的意義多所重覆，觀今英文中之 pedagogy（教育學）和 humanity（人文學）都同樣來自希臘文的 paideia，西方傳統大學課程中的 liberal educations 或 liberal arts educations（文科教育）也根據它而演變而來，凡此就反映了這個事實。

人文和教育是如此的密不可分，因此以人文精神為標竿的儒學亦必然是重視教育，或有人主張政治也是儒學的本色，強調「政治儒學是孔子所創立的儒學傳統」，[45]然而誠如陳德和先生所指出的，儒家心目中的政治其實是另外一種形式的道德教育，歷來真儒大儒都是以教育家的身分參與政治而不是以權力爭奪者的姿態參與政治，至於儒家之所以能夠相信內聖必定通達外王，是因為它乃道德存有論意義下的通而不是統治功能意義下的通，[46]可見追根究柢地說，教育才是儒者真正的事業。

儒家的教育即是前文中牟宗三先生所說的「成德之教」，它因為關聯到人的價值問題和人的存在問題，所以我們也可以逕自將儒家的教育說成是人性的教育；又依孟子義人性即善性亦是實存主體，可見人性教育總離不開自我的修證，更不能不落實在生於斯、長於斯的生活世界，以此推之，儒家的教育復當為人生教育及生活教育。儒家即如此地將德性教育、人性教育、人格教育、人生教育和生活教育做整全的統合，這麼一來就和現在所流行的「生命教育」頗為相似，只是「成德之教」是一以貫之者，現在的「生命教育」卻分門別類而各自進行。然無論如何，儒家之重教育的涵養，終能對現行的「生命教育」有所啟發，於是在本小

---

45 參見：蔣慶《政治儒學 —— 當代儒學的轉向、特質與發展》，頁 97-99，北京，三聯書店，2003 年。

46 參見：陳德和〈先秦儒家道德精英主義之義含與疏通〉，《揭諦》第 2 期，2000 年。

節中，筆者乃特就《孟子》生死慧所開示之教育理念，和現行的「生命教育」展開對話，不過因為在後文中筆者將另闢專節來詢問孟子死慧和生命教育的關聯，所以此處乃僅做大方向和原則性的討論而已。

毫無疑問的，生命教育乃是近年來國內各校園所最積極推動而普遍重視者，不過綜觀各學校所已然呈現的內容，則可謂五花八門、各有選擇，依筆者的觀察和歸納則至少有下列幾大類型：（一）生命教育即反毒、反煙、反酒、反性氾濫的行為教育；（二）生命教育即情緒管理的教育；（三）生命教育即重諮商與輔導的教育；（四）生命教育即身心之健康安全的教育；（五）生命教育即多元知能學習的教育；（六）生命教育即生命倫理學的教育；（七）生命教育即生態保護教育；（八）生命教育即生死焦慮之療癒的教育；（十）生命教育即全人的教育。這十大類型的教育都是從生命的關懷出發，所以稱之為生命教育並無不可，前文所謂分門別類的各自進行，亦由此可見一斑。惟這十大類型之生命教育的議題，還可以再做進一步的劃約，例如分成倫理學（超倫理學）與非倫理學兩大類，或是認知主義與非認知主義兩大類，筆者以為，若根據以上的區分標準，那麼孟子對於現行的生命教育所能著力者，應該是在倫理學（超倫理學）以及非認知主義的部分。[47]

儒家的「成德之教」是倫理的，但從其天人合德的理想實現來說，它又是超倫理的，但不管如何，倫理仍是它的基礎，若從孟子思想來理解他的生命教育，自然亦屬如此。

就因為孟子的生命教育必將是以倫理為圭臬，所以他重視生命的意義一定遠過於生命的現象，或者說對義理性生命的重視多

---

47 儒家之言倫理而必能通達於宗教之虔敬，所以是即道德和即宗教，然現今常有以宗教為超倫理之說，在儒家之義則倫理亦同時可為超倫理。

於生物性生命的重視，[48]也就是基於這種立場，所以孟子主張若兩者不能並存之時，則當記取孔子「志士仁人，無求生以害仁，有殺身以成仁」（《論語・衛靈公》）的教誨，惟有捨自然之生命以求成全仁義之道，例如孟子在〈告子上〉說：

> 魚，我所欲也，熊掌，亦我所欲也，二者不可得兼，舍魚而取熊掌者也。生亦我所欲也，義，亦我所欲也，二者不可得兼，舍生而取義者也。

　　然而孟子是在極端的遭遇下才說「舍生取義」，他其實並沒有輕視身體的意思，原來從生命的結構來說，孟子向來即承認小體或生物性存在乃不可且無法缺如者，小體正如前所說乃神聖的器皿，意即小體是人在體現自我的真實性時必要的載具，所有的神聖性都必須藉助它而顯，因此孟子曾說：「形色，天性也；惟聖人然後可以踐形。」（《孟子・盡心上》）「形色」是指形體相貌，在此則統括人的生物性存在，因它是與生俱來的，所以是「天性」，在這裏「性」是指「生」的意思，「天性」就是「天生」；「踐形」意即藉由形色的實踐以表現生命的意義或價值，凡一般人的道德行為本皆當如此，然而一般人之所以為一般人乃是因為他不能保證他的啟口容聲、抬頭瞬目都是天理顯現，惟有聖人才能時時刻刻從容中道如孔子之「七十而從心所欲不踰矩」者，所以孟子才說「惟聖人然後可以踐形」。

　　就是因為自然生命是不可輕棄的，所以孟子在論及王道的實踐時，乃大聲疾呼養民務必先於教民制民，例如在〈梁惠王上〉孟子說：

> 無恆產而有恆心者，惟士為能，若民則無恆產因無恆心。

---

48 有關生命意義和生命現象的區分，參見：陳德和，《台灣教育哲學論》，頁129-131，台北，文史哲出版社，2002年。

苟無恒心，放僻邪侈無不為已，及陷於罪，然後從而刑之，
是罔民也，焉有仁人在位罔民而可為也。是故明君制民之
產，必使仰足以事父母，俯足以畜妻子，樂歲終身飽，凶
年免於死亡，然後驅而之善，故民之從之也輕。

經文中的「恒心」乃恒常之向善之心，「恒產」則是有固定
之收入以維持生計的產業。前者使我成聖成賢，後者則讓我衣食
無虞，對士君子來說，也許是「謀道不謀食」所以不必在乎生活
的條件，如顏回就是，一般人來講，總是先要生命有了安頓和著
落，才能再談其他的理想，孟子確實是能夠了解這個意思，所以
一再強調這是王道仁政的開始，從這個地方看來，我們儘管承認
他的生命教育是偏倫理性的，但他實在亦看不出有任何「吃人禮
教」或「以道殺人」的意思。

孟子養民先於制民教民的觀念，應當和他的尊重生命是一致
的。對儒家而言，生命的尊重可以推及到天地萬物，因為生生之
謂德、生生之謂仁，道德的實踐本來就是不能自我封閉而理當通
達無限的。《論語・述而》曾說孔子是「釣而不綱，弋不射宿」，
這就是護生的表現，孟子亦有相同的理念，例如〈梁惠王上〉孟
子就曾說「數罟不入洿池」、「斧斤以時入山林」等即為明證，由
此若進一步墾掘，則不難發現孟子思想中亦寓含生態哲學、環境
思維，而值得我們再三珍惜與注意了。

第四章　孟子生死慧的終極眞實

　　終極關懷是人之不安或不滿於自己的有限性，乃依其向道或向神的自覺所展現出來的一種具超越性的虔誠與嚮往。根據這個意思，那個爲人所向的道或神其實就是帶領著我們步步昇揚前進的目的因，換句話說，在人之有其終極關懷的同時，道或神必然就已經存在於人的虔誠嚮往中了，所以如果從語意上來說，終極關懷的概念本身，它必須先預設終極真實，當一提到終極關懷就得同時要講終極真實，二者不能割裂地存在，更不可以在實踐上強做區分，試觀田立克在討論終極關懷時，每每連著上帝及上帝信仰而一起提出，他亦不曾在終極關懷的說明之後另外再專門敘述終極真實，應當是這個緣故。

　　然而獨立地在終極關懷之外再安排一終極真實也不是沒有道理，至少我們可以說，終極關懷總是偏就人的向道或向神的心願來說，因此重點放在人的主體性這一邊，終極真實則除了表示人的真實性或理想性之充其極實現的境界外，最重要的是，它還必須有效批露此真實性和理想性本身的應有義涵及其所證成之境界的所由是，所以相對於終極關懷之側重於主觀而言它是較側重於客觀面的，既然如此，那麼基於認識的需要而在言說上再將此二者仔細分別開來那又何妨？

　　當然我們最終可以體認，若以人的向道、向神的實踐性來看，理論地可分與不可分畢竟不是最重要的，但如果區分之後除

了在理論上顯得更加清楚周延之外，還可以貞定我們的方向、強化我們的信念、清楚我們的判準，甚至直接間接上豐富我的們喜樂的話，則像這種區分的工作、個別的論述就絕對必要了。筆者以爲，傅先生在建構他的生死學與生死智慧之時，所以特別以終極真實爲最後的課題，正是他意識到無論在理論和實踐上，都不能沒有這一步的詮釋故也。

從生死學的角度觀察，終極真實之爲絕對永恒普遍超越的神聖目的，它給了人類最大的福報是開啓意義的大海，讓我們能夠真心暢遊於其中而徹底釋放了人對自己向死之存在的所有憂慮；它使我們在健壯的時候樂於積極探索發現生命的真諦，並及早洞識生之責任與死之歸宿的慧見；它在當一個人失望、絕望的時候，能夠啓發我們的靈性、發動我們的精神力量，有效幫助我們掙脫困限中的悲苦和焦躁；尤其是在人之瀕臨死亡的時候，能夠充分慰藉了我們，使我們可以洒然地安於命中註定的事實而不致心存不甘與恐懼。

終極真實之於人的生活和生死誠大矣哉！它之所以有此輝煌的貢獻，最主要的理由當然是源於它的神聖性和超越性而不是它的知識性，因此終極的真實不應該被視之爲觀解形上學（theoretical metaphysic）中的第一原理或者萬有存在的基礎，它是宗教中的最後皈依，亦即上帝或神，要不然就是具宗教性之實踐形上學（practical metaphysic）的創造原理與實現原理，[1]總之，

1　「觀解的形上學」和「實踐的形上學」二者的區分是牟宗三先生最先提出的，他有時又稱它們是「觀解的存有論」和「實踐的存有論」，參見：牟宗三，《中國哲學十九講》，頁 93-94。總括牟先生的意思，他認爲：前者爲現象的、有執的存有論，後者則是本體的、無執的存有論；前者是理論地，後者則是實踐地；前者是根據人的認知心靈而思維以證成，後者則是經由人的德行自覺而篤志以開顯；前者是實有型態，後者則爲境界型態；前者屬於對象性的外

終極的真實就是神或者是道，神與道固然有其不同分際，但它們因爲同樣具足了宗教性的意義而都是終極的真實。

第一節　古代思想的天神觀

　　終極的真實必須是帶有宗教性的，所以本章在討論孟子生死慧中的終極真實時，自然必須圍繞在神和道這兩個核心的議題以進行。再者，不管是從思想史或觀念史的視域來考察，人類理性化的過程一定是從宗教時期進步而來，凡宗教時期的崇拜信仰和神話傳說，往往重大影響了隨後理性來臨時的觀念定型與持續發展，無怪乎有人基於宗教人類學、宗教文化學的立場而一再強論原始信仰及其制度儀式乃是人類文明發展的發皇。基於以上意思，本節乃想探討堯舜以降的天神觀念，以說明孟子思想中終極真實的所由來。

　　或者有人會懷疑，歷史的追溯應該是能夠找到愈早的現場愈好，所以對原始信仰的探討只從堯舜說起是不夠的，但筆者卻認爲，有辦法找到原初的真相當然是我們最大的期待，不過倘若文獻或資訊不足徵也，那也只能適可而止，千萬不可爲了貪多務得而流於臆會猜測，更何況儒學的興起本在春秋之季，而且從孔子、孟子的言論中我們又可以發現，他們都是以堯舜爲聖王的典型而憧憬著堯舜之治的理想，因此以唐虞夏商周爲對象，無疑才是謹慎而恰當的，過多過早的追溯反而不是非常需要，更未必可靠。

延真理，後者則爲重主體性的內容真理。以上意思陳德和先生亦曾予以歸納整理而做出對比，參見：陳德和，〈論牟宗三對人間道家的哲學建構 —— 以老子思想的詮釋爲例〉，《揭諦》第 3 期，2001 年。

一、帝天觀念的出現

　　研究先民的宗教信仰和宗教理念，有兩種重要資料是不能被忽略的，一是出土的文物，二是對當代土著之儀式所取樣的田調結果。以前者的重要性來說，有些人就十分強調，可以憑藉甲骨文的考證解讀，以及鐘鼎彝器的種種記載，有效幫助我們對殷商時代的歷史認識。對於上述的意見筆者完全同意，但又必須指出，資料本身和對資料的解讀根本是兩碼事，依據相同的資料卻給出南轅北轍的結論，像這種情形其實是屢見不鮮的，此尤以對出土者的判讀更為常見，況且任何的出土和田調亦都有其局限性，如果妄想單靠它們就能得到歷史的真相，也未免過於樂觀，譬如說殷墟卜辭畢竟僅僅屬於占卜活動的記錄而已，再加上出土者的數量一定和湮滅者不成比例，另外，金文的原來目的亦不在於傳遞知識、總結經驗，因而它們頂多只能提供資訊的參考，如果有人堅持相信這些東西而不再注意其他，那就不免片面、欠周延，萬一還要以自己的解讀為唯一的標準，相對地否定那些和自己看法相左的文書記載，那更是武斷了。[2]

　　除此之外，當我們在追溯一個觀念的產生及其演變時，已然是在進行思想史的工作，這種工作所特別在意的，不盡然是歷史真相的重建，而是要還原到該觀念在理論上的預備位置，以對唐虞夏商周之帝、天觀念的探討為例，我們所在乎的是要弄清楚儒家原先到底是如何看待它，以幫助我們釐清儒家後來是如何受它的導引、醱酵、催化而最後貞定其思想和體認中之終極真實者，至於儒家對它的認定是不是完全吻合當時的歷史事實，那反而不

2　郭沫若在〈先秦天道觀之發展〉一文中所表現的就是這種方法和態度，參見：郭沫若，《青銅時代》，頁 2-4，四川，文治出版社，1945 年。

是最重要了。像這種工作誠如陳來先生所形容，乃是「思想史前史」的作業，目的是在尋找一個思想的背景、先導或預備條件。[3] 其實這也是所謂「哲學家書寫的歷史」而不是史學家的歷史。

根據以上的兩個理由，我們主張凡欲探討古代帝天觀念是以何義爲儒家所規定或承接者，就應該根據儒家的經典來了解而不是完全依賴出土文物中的訊息，譬如說《尚書》、《詩經》等就是我們做這個工作時首先必須留意的，尤其前者儘管其實是西周或更後的戰國時代才被寫成，但它已然被經典化而被儒者公認爲權威者，所以書中保留之素材，乃千萬不可被疏忽的，職是之故，下文起將圍繞著《尚書》以進行應有的論述。

《尚書》內容包括了唐、虞、夏、商，周五代的文獻資料，自西漢起已有今古文的分別，[4]不過現今所看到的《古文尚書》並非西漢時代之所見者，且經清儒閻若璩在所著《古文尚書疏證》中之列舉一百二十八條證據，以及同時代之崔述在所著《古文尚書辨僞》中之質疑，已然證明爲僞作者，相對之下相傳爲漢人伏生所傳之二十八篇《今文尚書》，[5]乃具有它的真實性。

《今文尚書》各篇成書年代紛歧，大體而言，二十八篇在秦

---

3 陳來，《古代思想文化的世界 —— 春秋時代的宗教、倫理與社會思想》，頁2-3，北京，三聯書店，2002年。

4 漢初伏生傳出二十九篇（〈顧命〉及〈康王之誥〉爲二篇），用當時隸書寫成，稱爲《今文尚書》。漢景帝時，魯恭王因擴建宮室，壞孔子故宅，從孔壁中發現很多蝌蚪文字寫成的竹簡，孔安國用當時通行的字體校讀一遍，較伏生所傳者多十六篇，此書乃《古文尚書》。

5 現今通行之《今文尚書》，依屈萬里先生《尚書今註今譯》（台北，臺灣商務印書館，1969年）所示，其二十八篇之目錄如下：1.堯典（合今本舜典）2.皐陶謨（合今本益稷）3.禹貢 4.甘誓 5.湯誓 6.盤庚 7.高宗肜日 8.西伯戡黎 9.微子 10.牧誓 11.洪範 12.金縢 13.大誥 14.康誥 15.酒誥 16.梓材 17.召誥 18.洛誥 19.多士 20.無逸 21.君奭 22.多方 23.立政 24.顧命（合今本康王之誥）25.費誓 26.呂刑 27.文侯之命 28.秦誓。其中前四篇爲虞夏書，第五篇到第九篇爲商書，其餘爲周書。

朝（紀元前二二一～二〇六年）建立之前應當已經編成，我們亦承認〈堯典〉、〈禹貢〉等絕對不是虞夏時代的作品，它頂多只能算做是對虞夏時代的一些記錄而已，甚至這些記錄也很有可能在託古改制的心理下已經被理想化而未必是客觀、信實者，不過無論如何《今文尚書》之做為儒學十三經之一，確然有其不可動搖的地位，而且距今已有兩千多年，所呈獻的資料，亦自然能提供應有的歷史資訊，所以終究是研究的主要文本，本章所稱之《尚書》以及所根據的內容，即以此為準。

我們一般都認定，在上古時代不論是「帝」、「天」，應當都是先民所信奉之至高至尊的神祇，然而如果我們認真去比對《尚書》中所出現的「帝」，就會發現「帝」之做為至上神而與「天」同意，並不是那麼地直接和單純。像在虞夏書前兩篇的〈堯典〉和〈皋陶謨〉中，「帝」其實都是專指統治者而言，而〈堯典〉說：「肆類于上帝，禋于六宗，望于山川，徧于群神。」〈皋陶謨〉又說：「夔夔以昭受上帝，天其申命用休。」此中的「上帝」才等同於「天」。

以「帝」為人間之王，這是〈堯典〉和〈皋陶謨〉最特殊的情形，它還有一個費解之處，蓋從文字的構造和使用來看，「帝」本是「蒂」的原文，「蒂」就是花蒂，即據有生育繁衍之根源的意思，引申在人的立場說，「帝」就是氏族的祖先，然而證諸古史卻從不見堯舜具有這種身分的傳說或記實，且《禮記·祭法》曾說：「有虞氏禘黃帝而郊嚳，祖顓頊而宗堯。」根據俞正燮先生的解釋，「禘」是對始祖所出之帝在祖廟中進行祭祀，「郊」是在郊外祭天時以始祖下的一個祖先來配天，「祖」是對創立傳世的先祖進

行祭祀，「宗」則是對德高可尊者進行祭祀，[6]由此看來，在有虞之時堯並不具像黃帝那樣之被視為氏族的始祖，至於舜就更不必說了，不過堯之被看做是氏族中之可尊崇者則是毫無疑問的。

堯舜誠然不具氏族始祖的身分，惟〈堯典〉及〈皋陶謨〉中的確就是以「帝」來尊稱在位的堯和舜，那是什麼原因呢？筆者以為最有可能的解釋是，由於該記錄者對於堯舜的刻意推崇，所以不稱之為「宗」而名之曰「帝」，至於在〈甘誓〉中則對統治者就不再稱「帝」而改稱「王」，是不是意味著在記錄者的心目中禹不如堯舜，那就不得而知了，但有一個確定的事實，就是自此之後「帝」因逐漸被「王」所取代，最後終於和「上帝」相統一而等同於「天」，像商書中之〈湯誓〉還說：「夏氏有罪，予畏上帝，不敢不正。」〈盤庚〉亦云：「肆上帝將復我高祖之德。」，原都是用「上帝」來指涉至上神，但周書的〈洪範〉卻已然將「上帝」簡稱為「帝」，如曰：「鯀陻洪水，汩陳其五行，帝乃震怒，不畀洪範九疇，彝倫攸斁。」這就是最好的說明。

惟虞夏書之稱堯舜為「帝」，筆者以為此中亦透露一耐人尋味的訊息。蓋「上帝」本是至高之神，也為萬物主宰，其降命於人間為百姓立一君王以治理天下，若此一人間之英明的統治者雖未必然是氏族的始祖，卻仍可以被讚之為「帝」，則豈不告訴我們，

---

6 參見：俞正燮，《中國生態倫理傳統的詮釋與重建》，頁 38，北京，人民出版社，2002 年。又對於「帝」的解釋另外有學者提出不同的見解，例如李建興先生認為，「帝」在卜辭中已經出現，是一種祭祀的儀式，乃「禘」的古字，「帝」原是象架木或束木燔以祭天之形，所以本義為祭天，其後再引申為天帝之帝。參見：李建興，《尚書學述（上）》，頁 157，台北，東大圖書公司，1994 年。不過筆者以為「禘」當如俞先生所說乃是宗廟祭祖的儀式，蓋《中庸‧第十九章》明白說過：「郊社之禮，所以事上帝也；宗廟之禮，所以祀乎其先也。明乎郊社之禮、禘嘗之義，治國其如示諸掌乎！」今李先生以帝為祭天並即是禘，顯然不符合事實，所以筆者不予採信。

「上帝」與氏族始祖之間固不是斷裂關係,即使與有德之君亦復如是者。

有些學者曾將「上帝」與氏族始祖之間這種連合關係,當做是統治者的一種手段,說它的用意是在借重天界尊神的威望以抬高並鞏固人間君王的權威;[7]筆者則不以為然,蓋如此地解讀或許能夠解釋為什麼商代在武丁之前只有祭先祖的「帝」而不見祭天的「上帝」,卻不能交代為什麼堯舜又可以被儒家稱之為「帝」的理由。又有學者主張,「上帝」做為至上神的宗教觀念不過是人間最高統治權力的投射,是先有人間的帝王觀念,然後才產生天上的「上帝」觀念;[8]筆者覺得若從發生學的立場看此說並非無據,但還是不能回答為什麼虞夏書只有對堯舜才稱帝的真正原因。基於以上的討論,筆者認為倒不如將這種情形看做是天人之間因為有德行觀念做中介,所以更容易啟開與暢通,若祖先於我有生之德,堯舜於天下有治之德,所以都能因德配於天而名之曰「帝」,我認為如此的理解應該才是周延而恰當者。

復就「天」來說。「天」,從文字的構造看,原屬指事類,漢代許慎《說文解字》說:「天者,顛也,至高無上也,從一從大。」「大」原是象人之形,「一」則是表位置之指事文,合而言之,在人之上者為「天」。「天」既在人之最上,所以「天」自然有偉大、重大之意。[9]又或以為「一」字在甲骨文是「上」字,「天」即是

7　參見:劉翔,《中國傳統價值觀念詮釋學》,頁 15-17,台北,桂冠圖書公司,1992 年。

8　參見:姜廣輝,〈論中國文化基因的形成 —— 前軸心時代的史影與傳統〉,該文今為姜廣輝主編《中國經學思想史》第一卷中之〈第一章〉(北京,中國社會科學出版社,2003 年),正文中所概述的意思在該書的頁 73-74。

9　殷代卜辭裡「天」與「大」是可以混用的。如殷人稱其國都為「大邑商」,有時寫成「天邑商」。《史記‧殷本紀》所載商王名「天乙」,卜辭則寫成「大乙」等。

高出於人者，依此說則「天」就成了會意字了。惟不論是指事或會意，天既在人之上，是人之所頭頂者，這即是說「天」是比人崇高的。我們可以設想，先民爲求生存而與大自然搏鬥，當其力有所未逮時，則仰望浩瀚蒼穹之際，往往越發感到自我存在之渺小，由此很容易對「天」及其產生之種種大自然的現象表示敬畏和崇拜，這從卜辭中不乏對自然之天象，包括日、月、風、雨等的儀式和祭祀的記錄，就可以得知其一二。

據上所言，我們不難發現，自然義的天和神性義的天在初民時代其實是可以同時存在的，若《尚書》中的記載亦大致反應了這種情形，例如《尚書》中曰：「乃命羲和，欽若昊天。」（〈堯典〉）、「湯湯洪水方割，蕩蕩懷山襄陵，浩浩滔天。」（同上）、「王出郊天乃雨。」（〈金縢〉）、凡此都是就自然義的「天」而說，然而《尚書》中的天畢竟是以具有意志之神性義者爲大宗，所以它說：「天用勦絕其命，今予惟恭行天之罰。」（〈甘誓〉）、「有夏多罪，天命殛之。」（〈湯誓〉）、「予亦致天之罰于爾躬。」（〈多士〉），諸如此類，不一而足。有意志之神性義的天，當然是具有權威性和主宰性的，因此《尚書‧皐陶謨》乃復云：「天敘有典，勅我五典五惇哉；天秩有禮，自我五禮有庸哉。同寅協恭和衷哉。天命有德，五服五章哉；天討有罪，五刑五用哉。」

我們再根據《尚書》中對宗教神性義之主宰的稱呼來考察，發現虞夏書中是「天」與「上帝」互用，後來的商書、周書則多改稱「天」，偶而名爲「帝」，而較少提及「上帝」，但不論是「上帝」也罷或是「天」也罷，既然都是同樣指涉一至上神，所以有時亦不免會出現「上帝」與「天」並稱者，如〈召誥〉有「皇天上帝」之文，至於郭沫若之依據卜辭中只有祭帝不見祭天，因而執意說殷人在武丁之前是以宗祖神爲至上神，不似當時的周族之

以天爲至上神者，[10]恐怕就未必然了。其次，對人間之統治者虞夏書固嘗曰「帝」，但自〈甘誓〉稱「王」之後就漸漸流行，「帝」便因不常用而終爲「上帝」所專屬，換句話說，在商書、周書時的「帝」已然就是「天」的同義詞了，郭沫若說武丁之前無論「帝」或「上帝」都是指宗祖而言，[11]筆者看來也不一定對，像朱子注《詩經・小雅・正月》時曾引程子云：「以其形體謂之天，以其主宰謂之帝。」當代學人唐端正先生亦認爲，天、帝二觀念到了西周時已合而爲一，[12]證諸文獻，就應該是可信的，本章下文即依據這個意思，凡對「帝」的使用一律取其「上帝」義而和神性義的「天」視爲同一者。

二、天命思想的形成

夏商周時代的帝天觀念是明顯具有神性義者，此神性義的帝或天相對於凡人的世界是充滿著主宰性而含有必然的權威，尤其在周初以前更是如此。[13]因而它對凡人絕對可以發號司令、絕對可以給出限制，當然也絕對可以有所賜予，這些就是天之所命，簡言之就是天命，《尚書》中處處可見這些意思，像〈皋陶謨〉之：「儆志以昭受上帝，天其申命用休。」「勑天之命，惟時惟幾。」〈湯誓〉云：「有夏多罪，天命殛之。」〈盤庚〉說：「先王有服，恪謹天命。」「今不承于古，罔知天之斷命。天其永我命于茲新邑。」〈西伯戡黎〉之：「王曰：『嗚呼！我生不有命在天？』」等等都是。

10　參見：郭沫若，《青銅時代》，頁 2-7，俞正燊先生則對此曾有不錯的反省和檢正，參見：俞正燊，《中國生態倫理傳統的詮釋與重建》，頁 36-37。

11　同前註。

12　唐端正，《先秦諸子論叢》，頁 45-50，台北，三民書局，1981 年。

13　周初之後隨著宗教的人文性轉折，天神的絕對權威即相對地弱化，此義在下節中將有所論述。

　　《尚書》中的天命思想雖然在周初以後漸漸有人文化的轉折，但大體來說仍充滿著宗教的氣氛和情愫，後來孔子之對天命的體驗大體亦承襲這個意思，所以有「畏天命」之說，南宋朱熹注《論語‧述而》「五十而知天命」時曾云：「天命，即天道之流行而賦於物者，乃事物所以當然之故也。」他顯然是用《中庸》「天命之謂性」中的天道理趣思想來詮釋孔子的天命觀，若從先秦儒學的最終發展來看，天命固然隨著宗教人文化的演變，最後一定會發展為《中庸》、《易傳》中的天道、天理，但如果直接就說孔子的天命思想即是他天概念的全部內容，且此天命思想已然不再具有神性義而純純粹粹是一兼有價值義和存有義的天道、天理的話，那也未免說之太快而疏忽了思想史發展之起承轉合的過程。

　　天命的觀念的原初面貌顯然具有宗教意義的決定性，這種觀念若出現在一個天人相隔的系統裡，那麼人就惟有接受天的恩寵和救贖才能進入天堂、得永生了，然而在我國古代這種人之受命於天或人為天之所限的天命思想，卻在爾後的發展中，逐漸地由原來之宗教的主宰性、威權性轉化為以道德義為重之超越的理想性和目的性，這當然顯示了天人關係之非阻閉性的思維特色，此特色的形成誠有如唐君毅先生所說，它和中國人之以：（一）神為發明文物而成神，故神人之距離較小。（二）祖考配享於神及神意與人意之不相違。（三）天帝之富仁愛體恤之德等因素有相當的關聯，[14]然而其中一個非常關鍵的思想史原因，那無疑就是周初時諸王在記取〈皋陶謨〉中之「天命有德」、「天討有罪」的教誨之後，特別又警覺到「惟命不于常」（〈康誥〉）或「天命靡常」（《詩

---

14 參見：唐君毅，《中國文化之精神價值》，頁 28-37。

經・大雅・文王》的危機感，因而期待子子孫孫都能夠積極地修身養德以永遠獲得上天的青睞，避免天命的得而復失，是之謂「永言配命，自求多福」(〈大雅・文王〉)，且後來就由於這種德行觀念的內化深化，才使得宗教氣氛較濃之超越的天命，步步順成為兼具價值義與存有義並以價值義為優先、以價值決定存有的天道或天理。

　　再者，不可否認地在周初以前的《尚書》記錄中，還明顯地透露出君權神授的觀念。然而，君權的合理性固然來自天之命與，[15]但對統治者而言天命也是一種準則與使命，凡天定的事功，人君務必要代為完成，所以〈堯典〉才說：「欽哉！惟時亮天功。」〈皋陶謨〉亦云：「勑天之命，惟時惟幾。」〈皋陶謨〉中另外又提到為政者須有「九德」，[16]諸如此類者都讓我們覺得說天命並非只是一項恩寵，更是一種責任，惟有德之人才具備承受天之命的資格和能力，最後更必須依此天命為最高指導原則並完成天所給的使命。

　　除此之外，自周初以後對於德行的重要性更有進一步申訴。蓋上天雖然欽命有德之人為凡間的統治者，然而此一身負天命之所託的帝王縱使擁有大權，卻不能為所欲為，反而更應該時刻戒慎恐懼，克己修德，保民養民，若是殘暴人民而失德悖天，輕則將「旻天大降喪于殷」〈多士〉，重則「皇天上帝」便要「改厥元子」〈召詔〉，另降命於有德者以為新王。這裏值得留意的是，如果統治者之德與不德既然可以決定天命的在與不在的話，那麼天

15　此處不曰合法性，乃因合法性指當時大部分王位是依父死子繼的制度而行，若合理性則在強調人民服從天命授於王權之君主。

16　〈皋陶謨〉中所謂的九德依序是：寬而栗，柔而立，愿而恭，亂而敬，擾而毅，直而溫，簡而廉，剛而塞，彊而義。

的主宰性其實就不是具有絕對的威權了，諸如此類的思維顯然就是我國宗教之所以不但不向超絕的方向發展甚至反而出現人文之轉化的一個重大契機，在下節中本文對此亦將專做討論。

歸結以上所說，我們可以發現「命有德，討有罪」誠然是《尚書》天命思想中的重要觀念，然而，我們還是要繼續追究：什麼是德行？有沒有德行又應該以什麼爲判準？面對以上的發問，《尚書》大體是扣緊著民意的觀念來回答的，例如以下諸說皆可以爲證：

> 1.天聰明，自我民聰明；天明畏，自我民明威。達于上下，敬哉有土！〈皋陶謨〉
> 2.古人有言曰：人無於水監，當於民監。〈酒誥〉
> 3.天畏棐忱，民情大可見。〈康誥〉

蓋《尚書》中普遍認爲，天命通常是藉由民意來呈現與表達的，換句話說，天命雖不可知但從民心的向背則可以領會到它的取捨，因此君王的爲邦施政在現實上終必以民意爲依歸才符合天命的要求，反之若違背了民意即受上天之責罰，最嚴重的當然就是被上天之撤換。由此看來，君王的德與不德究其實就是有沒有得民心、順民意，有沒有得到人民的擁戴，至於得民心、順民意亦不外乎能夠有效照顧人民的生計、安頓人民的生活而已，所以〈皋陶謨〉說：「皋陶曰：『都，在知人，在安民。』禹曰：『吁！咸若時。惟帝其難之。知人則哲，能官人；安民則惠，黎民懷之。』」

《尚書》中之以民意的依歸爲君王德行的檢查標準，當然還不能算是對德行最純粹的界定，至少是仍不免於結果主義的立場，而與儒家之將道德內化爲人的真實性與自律性並展現出一形式主義倫理學型態的特色大相逕庭，然而無論如何它已然是開拓了我國以民爲本之治道理念而彌足珍貴，蓋它充分表示了對人存

在之價值的尊重和肯定，同時標示著宗教精神和人文精神的相生相容而免於神本或人本的一偏之激。若孟子亦能真切體會此一天命有德和以民為本之意思，所以在〈萬章上〉中有如下的記載：

> 萬章曰：「堯以天下與舜，有諸？」孟子曰：「否。天子不能以天下與人。」「然則舜有天下，孰與之？」曰：「天與之。」「天與之者，諄諄然命之乎？」曰：「否。天不言，以行與事示之而已矣。」曰：「以行與事示之者，如之何？」曰：「天子能薦人於天，不能使天與之天下；諸侯能薦人於天子，不能使天子與之諸侯；大夫能薦人於諸侯，不能使諸侯與之大夫。昔者堯薦舜於天，而天受之；暴之於民，而民受之。故曰：『天不言，以行與事示之而已矣。』」曰：「敢問『薦之於天，而天受之；暴之於民，而民受之。』如何？」曰：「使之主祭，而百神享之，是天受之；使之主事而事治，百姓安之，是民受之也。天與之，人與之，故曰：『天子不能以天下與人。』舜相堯，二十有八載，非人之所能為也，天也。堯崩，三年之喪畢，舜避堯之子於南河之南，天下諸侯朝覲者，不之堯之子而之舜；訟獄者，不之堯之子而之舜；謳歌者，不謳歌堯之子而謳歌舜。故曰：『天也。』夫然後之中國，踐天子位焉。而居堯之宮，逼堯之子，是篡也，非天與也。〈泰誓〉曰：『天視自我民視，天聽自我民聽。』此之謂也。」

　　從以上孟子和萬章的對話，可知孟子對於傳統以來的天命思想是心領神會的，且基於此傳統的立場，他亦不反對在王權的更迭上，神性義的天或天命還是有其決定性。然則，孟子的天命觀之與孔子的態度一樣，仍保留濃厚的宗教意識，亦是一不可否認的事實了。

第二節　神本宗教的人文化

　　一般來說宗教都是以神爲本的，合而言之就是神本宗教。人文精神則是以人爲本，它強調人的主體性、主動性及其創造性和進化性，因此並不以神的決定爲然。據上所說，宗教與人文乃不免存在著緊張關係，西方歷史中的文藝復興運動之所以勃然而起，素來被認爲和中古世紀的宗教威權有其直接的因果理由，此即證明了神本和人本所可能存在的不共性。然而宗教和人文若是放在天地人我的整體性思維來考察的話，它們之間亦未必然要相互排斥，蓋此整體性思維向來即強調神人物我道器己群皆是聲氣相通而心心相印的。

　　當然，如果要以神聖權威永恒普遍絕對萬能之一神論存在或以西方基督信仰的標準型態來定義宗教的話，那麼任何宗教都應該是神本的，若有所謂宗教的人文轉化而不再信奉天神的唯一權威，那就已然不再是傳統印象中的宗教了。然而，如果它的重點是在將終極的關懷由「向神」改爲「向道」，且並不否認人乃是一有限之「向死」的存在，因而絲毫不失對超越、終極之真實道體的虔誠嚮往之心和真積力久之行的話，那麼在意義上它應該還是具足了宗教意識或宗教性而不當被視爲違背宗教的理想與教誨才對，更何況說，宗教的啓示如果可以提供我們安身立命之道、賜給我們生前死後的慰藉的話，人文化的宗教在這個議題上其實和一般宗教是無分軒輊的。傅偉勳先生對於我國宗教因受儒家思想的影響而不同於西方或印度的發展，有某種程度的不以爲然，例如他說：

為甚麼中國與上古宗教並沒有變成天啟奠基的單一神教、卻轉化成為儒家的天命觀與天道觀；宗教的超越性逐漸減退，代之以天命的內在化（《中庸》所云「天命之謂性」）與宇宙化（《易經‧繫辭傳》到宋明理學所強調的「生生之化」）。同時，中國上古宗教的靈魂觀所說的，死後陰魂下降，陽魂上天之類，可能由於缺乏印度教、傳統佛教的輪迴轉生說那樣具有宗教信仰的吸引力，也就隨著不談鬼神或死後靈魂的儒家思想的抬頭逐漸讓步退後；到了印度佛教傳入中土之後，更幾乎消失不見了。[17]

其實宗教的超越性並不能以是否為單一神教來衡量它的高低，超越性與內在性亦未必是相互抵消者，再說如果能將個體有限的生命投注在宇宙大生命的洪流以證成人之雖有限而可無限的價值意義，那麼轉神性義的天為存在義或宇宙論義的天道天心天理又有何傷呢？

一、憂患意識的揭發

人類的文明發展莫不以宗教信仰時期為發端，宗教在人類歷史中亦占有崇高的地位，它是民族的精神食糧並象徵著民族的高貴心靈，也因此不同文化和民族間自然有不同的宗教型態，以我國來講，理性的宗教亦即宗教的人文化就是最大的特徵。我國的宗教之所以不硜硜自守於神本意識而能夠出現人文的契機，誠如前文所述，這和重視德行有其重大的關係，惟若以思想史來考察，素樸的德行觀念所以能夠步步深化其實是和王權得失下的敬畏之心息息相扣的，此敬畏之心一開始未必是一純粹的道德心靈，但

---

17 傅偉勳，《死亡的尊嚴與生命的尊嚴》，頁157。

它確為一種如徐復觀所言之「憂患意識」而能促成道德心靈的實現。

徐先生本是根據《易·繫辭下傳》之:「易之興也,其於中古乎?作易者,其有憂患乎?」以及:「易之為書也不可遠,為道也屢遷。變動不居,周流六虛,上下无常,剛柔相易,不可為典要,唯變所適。其出入以度,外內使知懼,又明於憂患與故。」而提出「憂患意識」之名,他並且總結其義地說:

> 憂患……乃是從當事者對吉凶成敗的深思熟考而來的遠見;在這種遠見中,主要發現了吉凶成敗與當事者行為的密切關係,及當事者在行為上所應負的責任。憂患正是由這種責任感來的要以己力突破困難而尚未突破時的心理狀態。所以憂患意識,乃人類精神開始直接對事物發生責任感的表現,也即是精神上開始有了人地自覺的表現。[18]

徐先生所提到的「當事者對吉凶成敗的深思熟考而來的遠見」,若回到歷史的場景來看,其實就是周初諸王對「天命靡常」的一種反省及其最後所歸納出來之「王其德之用,祈天永命」〈召誥〉的結論。原來在君權神授時期,帝王對天命恒存在著敬畏之心,如〈盤庚〉言:

> 先王有服,恪謹天命;茲猶不常寧,不常厥邑,于今五邦。今不承于古,罔知天之斷命……。
>
> 汝不謀長,以思乃災;汝誕勸憂。今其有今罔後,汝何生在上?
>
> 嗚呼!今予告汝不易,永敬大恤,無胥絕遠;汝分、猷念以相從,各設中于乃心。

---

18 徐復觀,《中國人性論史·先秦篇》,頁 20-21。

同時由於對天或天命的敬畏，所以一切所爲皆必以之爲理由，試觀《尙書》中每一次征伐或革命皆有受命行罰之意，如曰：「天用勦絕其命，今予惟恭行天之罰。」(〈甘誓〉)「有夏多罪，天命殛之。……夏氏有罪，予畏上帝，不敢不正。」(〈湯誓〉)「今予發，惟恭行天之罰。」(〈牧誓〉)諸如此類等，可見一斑。而在周人看來，代殷而有天下，正如商湯伐夏一樣，都是秉承天命而行，所以〈多士〉說：「我有周祐命，將天明威，致王罰，勅殷命終于帝……惟帝不畀，惟我下民秉爲，惟天明畏。」然天命之所以不再託賦於商而新命於周，追根究柢則是因爲紂王失德、不德的關係，所以周武王與商紂戰於牧野時誓師之辭乃曰：

> 我不可不監于有夏，亦不可不監于有殷。我不敢知曰，有夏服天命，惟有歷年；我不敢知曰，不其延，惟不敬厥德，乃早墜厥命。我不敢知曰，有殷受天命，惟有歷年；我不敢知曰，不其延，惟不敬厥德，乃早墜厥命。今王嗣受厥命，我亦惟茲二國命，嗣若功。〈召誥〉

若有德所以才能爲天所命，一朝無德則天亦將爲民另立新主，此周人所以說「惟命不于常」〈康誥〉、「天命不易，天難諶」〈君奭〉，然而反過來想，如果想要常保天命其實亦並不太難，蓋只要我們時時刻刻不忘修養道德、獲得百姓的信賴則當然就可以「天命永終」了，所以〈召誥〉之「王其疾敬德」乃成了周初王室間最重要的耳提面命。

「天命有德」、「天討有罪」這是虞夏以來的傳統，也是宗教所以會有人文性轉折的重要契機，但自覺且相信德行的有沒有能決定天命的在不在，一定到殷周之際才出現，這無疑是個更大的推進，蓋從此之後原先帶有絕對主宰之意志的神性天，已然不能再漠視人間帝王的道德成就而一意孤行，換句話說，天之主宰性

意志將只能是一理想義、義理義或道德義的意志而不可再有其他，這就是宗教人文化的實際情形，而此情形之對廣土眾民的影響乃有如唐君毅先生說的，使得大家相信，占卜所示的吉凶，皆可以用人的道德修養予以轉移，[19]若從學術思想和文化理念的發展來說，其最後的結果當然就是終將以天道、天理來統一天命的觀念如《中庸》之所言者，而夷考其實，人對天命的敬畏之心及其由之而揭發的憂患意識，無乃是最有效的催化劑了。

二、超越心靈的遙契

　　宗教的人文轉向，一言以蔽之，是把上帝的威權意志轉化為道德意志，亦即將上帝原本之絕對的支配權和主宰性弱化而相對增強了人的德行成就所可能產生的決定力量，其浸假以漸所帶來的最後改變，誠如上文所言是將宗教天化為義理天，高柏園先生對此亦有一類似的形容，他說：

> 由於周人是以高度自覺的憂患意識來回應時代的問題，是以敬的觀念便十分重要。既是以敬為優先，是以責任便由外在的天而轉為內在的自我，進而以自我的德來規定天的內容。於是，傳統具有人格意味的人格天，便轉化而為以道德規律為主的形上天。至於形上天的內容又要如何體會呢？我們便可由民意的歸趨來加以認取，甚至就是以民意取代了天意。此義既明，則《詩經》的形上天、《易經》的宇宙規律、《書經》的民本思想尊賢觀念，便只是宗教人文化的必然發展了。[20]

高先生似乎主張宗教的人文轉化在周初就已然出現並完

---

19 參見：唐君毅，《中國文化之精神價值》，頁35。
20 王邦雄等編著，《中國哲學史》，頁52。

成，所以不經意地以《詩經》的天為形上天，如果他的本意真的是這樣的話那就需要再討論了，因為像《詩經・大雅・皇矣》說的：「皇矣上帝，臨下有赫，監觀四方，求民之莫」就明顯存在著人格天的意味，惟假若高先生只是認為《詩經》中的天概念乃是預設了後來儒家形上天的發展可能，那筆者就完全可以同意，不過筆者願意更進一步指出，此宗教的人文轉向乃能有效喚醒了人對自我的認識和信心以及人對一超越者的虔敬與期待，凡此即是超越心靈之遙契的底蘊。

超越心靈的遙契也可直接說是「超越的遙契」。「超越的遙契」是牟宗三先生所最先提出者，他同時亦提出「內在的遙契」做對比。牟先生蓋認為孔子在主觀的情感上仍接受一宗教天的存在，所以雖然強調踐仁以知天，卻總是心存敬畏，若《中庸》則純就天道天理以理解天，此不啻特重在依客觀之義理說明人之至其誠即能與天齊德、並參贊天地之化育，兩者若做比較，孔子所呈現的就是「超越的遙契」，《中庸》則是「內在的遙契」。[21]「內在的遙契」可以說是先秦儒學的最後結論，其內在之所以為為內在乃是就人的真正主體性而說，且此亦內在之主體和超越之天德乃通貫而一如者，凡此諸義在〈第二章〉中已有論述，本處則著重在「超越的遙契」的說明。

若仔細地說，超越的遙契就是以超越的心靈或願望去契入、投合那高明悠遠的終極真實。以人心為超越意思是說人的心靈是向上的、是不甘於卑微的、是不為形軀之所限的、是在意義的開顯與探討上可以竣極於天而無窮無盡者；遙契則是指在客觀上有一絕對、永恒、神聖、真實的超越者時時在召喚著我們的心靈、

21　參見：牟宗三，《中國哲學的特質》，頁 32-33。又蔡仁厚先生針對牟先生的講法亦有扼要的介述和說解，請參見：蔡仁厚，《孔孟荀哲學》，頁 110-114。

使我們願意以它為人生的歸趣如《大學》所謂之「止於至善」者；簡言之，就是以篤誠之心面對天之奧藏而求天之能知我、遇我者。

無論如何，在超越的遙契中那客觀的超越者無乃是人生的一盞暗路明燈，也是啓示我們奮發圖強的一股沛然莫之能禦的力量源泉，然它亦較為人的情感所衷意而不免帶有人格神的意味，例如在《論語》中曾有如下的記載：

1. 子曰：「天生德於予，桓魋其如予何？」（〈述而〉）

2. 子畏於匡，曰：「文王既沒，文不在茲乎！天之將喪斯文也，後死者不得與於斯文也；天之未喪斯文也，匡人其如予何？」（〈子罕〉）

3. 子見南子，子路不說。夫子矢之曰：「予所否者，天厭之！天厭之！」（〈雍也〉）

4. 子曰：「予欲無言。」子貢曰：「子如不言，則小子何述焉？」子曰：「天何言哉？四時行焉，百物生焉，天何言哉？」（〈陽貨〉）

5. 子曰：「獲罪於天，無所禱也。」（〈八佾〉）

6. 顏淵死，子曰：「噫！天喪予！天喪予！」（〈先進〉）

我們從以上所列舉的這些文獻來看，孔子其實並不排除神性義的天，回應到前節論天命思想的由來時，筆者即曾謂孔子的天概念並不完全是天理、天道反而是以天命思想為大宗，而此天命思想中其實是帶有宗教義的，現所見凡《論語》中的這些文獻就都可以證明筆者所言的不謬，然而我們亦不能忘記，孔子在〈憲問〉中更曾說過：「不怨天，不尤人，下學而上達，知我者其天乎！」可見能為天之所知、所遇對孔子來說其實並不是被動的，反而重點是在以我的不怨天不尤人和下學上達才能保證自己能夠為天之所不能不知、不能不遇者，總之，天對我來講是敞開的、是完全

可以溝通的，而這也是宗教人文化所必有的現象。

如果超越的遙契是宗教人文化的必然現象之一，如果超越的遙契並不同於內在的遙契而仍然在主觀上接受宗教天的存在，則我們就不難理解孟子為什麼會脫口而說：「故天將降大任於是人也。」〈告子下〉以及對他為什麼在交代「盡心知性知天」的同時，又接著講：「存其心，養其性，所以事天也；殀壽不貳，修身以俟之，所以立命也。」（〈盡心上〉）也都可以了然於心了，[22]至於徐復觀先生認為殷周時代之神意性質的天命，到了春秋時代就已然化為道德法則性的天命，[23]證諸文獻，恐怕就未必完全正確。

第三節　聖人境界的創進論

超越的遙契是以人的道德實踐來面對天命的監臨並和上天溝通默識者，內在的遙契則肯定我心我性即是天理天道而以我之戒慎恐懼、慎獨誠意來見證凡超越者即內在者，前者是《論語》中所常見之孔子的態度，後者則是《中庸》、《易傳》的儒家智慧，它們之間固然有所不同，但並不是本質的異，而是在義理發展過

---

22 王其俊先生曾統計《孟子》書中具意志之天命的表達，發現共高達十六處之多，而且皆引自他人及《尚書》、《詩經》等古籍。參見：王其俊，《亞聖智慧 ── 孟子新詮》，頁 326，山東，人民出版社，1996 年。

23 徐先生說：「先秦儒家思想，是由古代的原始宗教，逐步脫化、落實，而成為以人的道德理性為中心，所發展，所建立起來的。從神意性質的天命，脫化為春秋時代的道德法則性質的天命；從外在地道德法則的天命，落實而為孔子的內在於生命之中，成為人生命本質的性；從作為生命本質的性，落實而為孟子的在人生命之內，為人的生命作主，並由每一個人當下可以把握到的心。心有德性與知性的兩面。德性乃人的道德主體；孟子在這一方面顯發得特為著明。」徐復觀，《中國人性論史‧先秦篇》，頁 263。

程中階段性的異，換句話說，由超越的遙契發展到內在的遙契，是一個極其自然又理上所必然的過程，牟宗三先生即說：「前者把天道推遠一點，以保存天道的超越性；後者把天道拉進人心，使之『內在化』（Innerize），不再為敬畏的對象，而轉化為一形上的實體。」[24]。若孟子則在於兩者之間，所以上節論孔子之超越遙契時既會提到孟子，前章之論終極關懷亦曾經交代孟子乃開啟了「道德形上學」的端倪。

然而無論是超越的遙契或內在的遙契，都是做為實踐的道德學且同時是實踐的形上學之儒家思想所必含者，再者，儒學因為有一超越的理想為其實踐的終極嚮往，所以富有宗教的性格，但它又重視現實人間中之倫理生活的展現，因此具足了道德意義，據此而言，牟宗三先生之將儒學當成「道德的宗教」而有如前一章所說者，亦當是實至名歸了。

牟先生他以「道德的宗教」來裁定儒學，既不會使儒學成為只具現實意義的世俗性學問而已，亦不會讓它失去理性的優位而成了獨斷式的信仰，同時更可以肯定儒者之有終極的關懷以及其宗教性的進路，而能有效保住儒學之生命的學問的實踐性格，其在義理上可謂是面面俱到，然而反過來講，儒學之所以能夠具足它的宗教性，亦惟賴人的道德實踐，此道德實踐小自於人的成德，大到民族文化的創造皆屬之，所以牟先生亦曾說：

> 儒學所肯定之人倫（倫常），雖是定然的，不是一主義或一
> 理論，然徒此現實生活中之人倫並不足以成宗教。必其不
> 捨離人倫而經由人倫以印證並肯定一真善美之「神性之實」
> 或「價值之源」，即一普遍的道德實體，而後可以成為宗教。

---

24 牟宗三，《中國哲學的特質》，頁38。

此普遍的道德實體，吾人不說為「出世間法」，而只說為超越實體。然亦超越亦內在，並不隔離，亦內在亦外在，亦並不隔離。若謂中國文化生命，儒家所承繼發展者，只是俗世（世間）之倫常道德，而並無其超越一面，並無一超越的道德精神實體之肯定，神性之實、價值之源之肯定，則即不成其為文化生命，中華民族即不成一有文化生命之民族。此上溯堯舜周孔，下開宋明儒者，若平心睜眼觀之，有誰敢如說，肯如此做，而忍如此說？[25]

如果我們同意牟先生上述意見的話，那麼將不難發現終極關懷其實就是道德的關懷，蓋道德亦有一超越的實體為極致者。且若能自覺地做道德的實踐，到了義精圓熟處亦必定能有一終極的體貼，這就是踐仁以知天的原始要終，也就是聖人境界的創發、挺進和證成。

一、生命歷程的開示

生命是一個成長的過程，也是實踐的過程，同時更是昇華的過程，在生命的歷程中，能夠自覺並不斷地進德修業，那麼在不同的年齡階段自然相對地會有不同的境界開拓和真實體驗，這就是生命歷程的種種開示。其實在《論語》中當形容一個人進德修業的層次和完成時，固不必然都是伴隨著生命的歷程來做交代的，例如在《論語》中有如下的記載：

1. 子曰：「弟子入則孝，出則弟，謹而信，汎愛眾而親仁，行有餘力，則以學文。」（〈學而〉）

2. 子曰：「知之者，不如好之者；好之者，不如樂之者。」

（〈雍也〉）

3.子曰：「志於道，據於德，依於仁，游於藝。」（〈述而〉）

4.子曰：：「興於詩，立於禮，成於樂。」（〈泰伯〉）

5.子曰：「可與共學，未可與適道；可與適道，未可與立；可與立，未可與權。」（〈子罕〉）

6.子曰：「賢者辟世，其次辟地，其次辟色，其次辟言。」（〈憲問〉）

7.子路問君子。子曰：「脩己以敬。」曰：「如斯而已乎？」曰：「脩己以安人。」曰：「如斯而已乎？」曰：「脩己以安百姓。脩己以安百姓，堯舜其猶病諸。」（〈憲問〉）

8.子曰：「知及之，仁不能守之，雖得之，必失之；知及之，仁能守之，不莊以蒞之，則民不敬；知及之，仁能守之，莊以蒞之，動之不以禮，未善也。」（〈衛靈公〉）

　　像以上這些孔子的表達，也都在告訴我們人生的表現方向和生命的意義探究，但卻不從時間的發生先後來論議者，然而我們終究不能否認，《論語‧為政》中孔子依據自己的年齡階段而對自己一生境界的描述，乃是最扣人心弦、最引人入勝的，本小節即先據此以詮釋之。

　　孔子說：「吾十有五而志于學，三十而立，四十而不惑，五十而知天命，六十而耳順，七十而從心所欲不踰矩。」林安梧先生形容這是「肉身成道」的教養與完成，[26]它的關鍵處就是一開始的「學」。

　　「學」是有多義性的，若知識的吸納、技藝的模仿等都是一種學習，但除了這種「聞見之知」的養成義外，「學」更可以指著

---

26 林安梧，《中國宗教與意義治療》，頁38，台北，明文書局，1996年。

一種「德行之知」的見證體現，[27]就孔子的發心來說，它應當就是學聖人之德、學聖人之行、學聖人之心和學聖人之願，惟聖人本是與我同類、先得我心之所同然者，所以對聖人的景仰並心生嚮往究其實乃是對真實自我的發現與覺醒，換句話說，「德行之知」雖不排斥「聞見之知」，但它的「學」是覺也、效也。

「學」的確應是以覺和效為首義，「吾十有五而志於學」究其實就是自我的發現與覺醒，因有此發現與覺醒，才能有接下來的層層昇進。若「三十而立」指的是個人品德行為的成熟而足以自立於倫常世間，「四十而不惑」則表現出生命的自信和豁達，人能到此心境也自然會對歷史文明、家國天下產生一分親切感，凡此無乃是一個人行走人間在經過得失順逆的衝決之後，為現實所留下的坦然和印象，到了「五十而知天命」又是另外一種騰躍，也彰顯了生命之竣極於天的崇敬感，它乃超越意識的深化而然者，「六十而耳順」則重新回到人間、表示對人間一切的關懷和喜受，所以願意聆聽一切的聲音而心無罣礙，到最後之「七十而從心所欲不踰矩」的生命化境即是與道同在、與時偕行的大自在。

二、修德進業的秩序

孔子一生的成長經歷和體驗，理當就是不斷要求自我之純淨化、神聖化的過程，這個實踐歷程固然是在生活世界中所呈現的，但它卻永遠面向一絕對的真實而亦步亦趨，所以一方面它成就了

---

27 「聞見之知」和「德行之知」的分別乃北宋大儒張橫渠最先使用者，他在《正蒙・大心篇》中說：「見聞之知，乃物交而知，非德性之知；德性所知，不萌於見聞。」又杜維明先生亦曾將此「德行之知」稱之為「體知」而與西方傳統之「認知」成一對比，「認知」當即是「聞見之知」。參見：杜維明《東亞價值與多元現代性》，頁 56-69，北京，中國社會科學出版社，2001年。

客觀的道德，另方面則展現其宗教性之進路而顯一終極的真實，若「七十而從心所欲不踰矩」的生命化境即是對終極真實的見證所直接透露的。

　　孔子人生的向上之路蓋有如上述者，至於「乃所願則學孔子也」的孟子，對此一肉身成道的教養與完成當然也能感同身受，也當然同樣彰顯出現實／超現實的特色而有其宗教性者，不過在表達上他似乎不長於生命歷程式的開示，而是特別著重在境界承先起後的邏輯秩序上，例如在〈離婁上〉他就說：

　　　居下位而不獲於上，民不可得而治也；獲於上有道，不信
　　　於友，弗獲於上矣；信於友有道，事親弗悅，弗信於友矣；
　　　悅親有道，反身不誠，不悅於親矣；誠身有道，不明乎善，
　　　不誠其身矣。是故，誠者天之道也，思誠者人之道也。至
　　　誠而不動者，未之有也；不誠未有能動者也。

以上既明能修身才能治民之道，又說修身當由外在的徵驗而收攝到內在的真實，並由內在的真實而向上通達於至誠無息的天道，其上下內外先後，可以說是井然有序。除此之外，在〈盡心上〉孟子亦說：

　　　廣土眾民，君子欲之，所樂不存焉；中天下而立，定四海
　　　之民，君子樂之，所性不存焉。君子所性，雖大行不加焉，
　　　雖窮居不損焉，分定故也。君子所性，仁義禮智根於心，
　　　其生色也，睟然見於面，盎於背，施於四體，四體不言而
　　　喻。

　　其文義也是層層轉折，並藉由此轉折而顯示境界之步步提高，它的邏輯秩序亦十分鮮明。不過對於人生境界之高低的闡述，筆者則以為〈盡心下〉中以下的這段記載乃饒富意義：

　　　浩生不害問曰：「樂正子何人也？」孟子曰：「善人也，信

人也。」「何謂善？何謂信？」曰：「可欲之謂善，有諸己之謂信，充實之謂美，充實而有光輝之謂大，大而化之之謂聖，聖而不可知之之謂神。樂正子，二之中，四之下也。」

據文義看來，此段文字是在臧否人物，但臧否的同時也是對人品高低的排列，換句話說，不管是六個等級或是四個位階，[28]它已然表示的是成生命實踐的不同境界，底下即細說分曉。

「善人」是指受到肯定與歡迎的人，從孟子性善論所主張之「理義之悅我心」以言，人之所以被肯定與歡迎必來自他的道德表現，所以他說「可欲之謂善」。惟真正的道德行爲務必是表裏如一者，樂正子應該可以合乎這個要求，因此孟子進一步同意他是「有諸己」的「信人」。不過孟子又認爲人之以其道德真心而在生活世界中表現出應然的行爲，這是做爲一個人的起碼本分而已，除此之外，人應當還有美、大、聖、神等更高境界的開拓與昂揚，此則未必是樂正子所能及者，所以孟子批評他是「二之中，四之下」。

「美」在儒家尤其是孟子應指人格氣象所佈露在身體外表的美好，身體本來就是我們整全生命中的一部分，並一起努力參與人之求真實自我之充其極朗現的偉業，有人即說：「身體是神聖的

---

28 善、信、美、大、聖、神當然有六個等級，不過牟宗三先生卻認爲當分爲四位，他說：「『可欲之謂善（此可欲指理義言），充實之謂美，充實而有光輝之謂大』。此三義是由士而進於賢，亦可說是賢位教。『大而化之（大無大相）之謂聖』，此是賢而聖，亦可說是聖位教。以天地萬物爲一體，乃至『與天地合德，與日月合明』云云，皆聖位教。『聖而不可知之之謂神』，此是聖而神（神感神應之神），亦可說是神位教。……人之實踐之造詣，隨根器之不同以及種種特殊境況之限制，而有各種等級之差別，然而聖賢立教則成始成終矣。」牟宗三，《圓善論》，頁 333-334，台北，台灣學生書局，1985 年。

器皿」,[29] 則身體因人格人品的美好而美好之亦宜也,若君子大概就有這種內外一如的美,所以孟子曾說:「君子所性,仁義禮智根於心,其生色也,睟然見於面,盎於背,施於四體,四體不言而喻。」(〈盡心上〉)

　　「大」也是就道德的承當、道德的偉烈來說,「浩然之氣」即是最佳的形容,又國君能「以不忍人之心行不忍人之政」也是一種「大」,那是「不嗜殺人者能一之」的「大」,也是因能擴大人的仁義禮智四端而終可保四海的「大」。然而「大」總是讓人有敬畏感,和人不免有距離,所以必須進一步化掉這個「大」而成為「聖」,[30]《論語・泰伯》孔子說:「大哉!堯之為君也。巍巍乎唯天為大,唯堯則之,蕩蕩乎民無能名焉。」堯為儒家聖王的典型,孔子讚之為「無名焉」,可知聖是不著於相的。除此之外,化當然也有教化、德化的意思,凡人格的偉大亦必當是能感通於群倫並起道德薰陶的潤澤作用。[31]

　　至於「神」則是生命的最高峰,亦為肉身成道之極致。「神」最直接的意思當然就是上帝、天神,一般之宗教即通常如是地定義它,並將它十足地位格化,但我們也可以將超越的存在稱之為「神」,如《易・說卦傳》所說:「神也者,妙萬物而為言者也」,

29 參見:杜維明,《儒家思想 —— 以創造轉化為自我認同》,頁 106-107,台北,東大圖書公司,1997 年。

30 林安梧先生解為「化於倫常日用之間,無所罣礙。」義亦可通。林安梧,《中國宗教與意義治療》,頁 43。

31 陳政揚先生即依據唐君毅的意思而盛發此義,他說:「首先,『化』指的是一種普遍性的轉變;其次,這種轉變是屬於道德心性層面;最後,『聖人』在這種轉變中起著關鍵性的地位。亦即是說,聖人通過道德生命的全幅朗現,能對所經、所處的週遭民眾起著一種道德心性上的擴散作用,使人民在日常生活中不自覺的就接受感化、變化氣質。」陳政揚,《孟子與莊子「內聖外王」研究》,頁 252,東海大學哲學系博士論文,2003 年。

《易‧繫辭傳》「陰陽不測之謂神」、「神无方而易无體」等等，像這些雖然都不外是對超越之存在的形容，卻未必然指向著宗教義的神性天或人格神，儒家應該就是這種立場。然儒家亦當不能否認人如果真正能夠修養到「神」這種最高的境界時，將隨之必有一如佛家所云之不可說、不可說的神秘體驗或冥契經驗（mystical experience），此誠如《中庸‧第二十四章》說：「至誠之道，可以前知。國家將興，必有禎祥，國家將亡，必有妖孽。見乎蓍龜，動乎四體，禍福將至，善，必先知之，不善，必先知之。故至誠如神。」而司馬遷《史記‧孔子世家》記孔子死前七日嘗「夢坐奠兩柱之間」，[32] 其說若可信，則孔子即曾具體顯示其神秘經驗矣，[33] 筆者亦據此而堅信，儒者的終極關懷必當因其具有宗教性之進路而可體驗終極之真實、安命於終極之真實者。

---

32 司馬遷《史記‧孔子世家》說：「孔子病，子貢請見。孔子方負杖逍遙於門，曰：『賜，汝來何其晚也？』孔子因歎，歌曰：『太山壞乎！梁柱摧乎！哲人萎乎！』因以涕下。謂子貢曰：『天下無道久矣，莫能宗予。夏人殯於東階，周人於西階，殷人兩柱間。昨暮予夢坐奠兩柱之閒，予始殷人也。』後七日卒。」

33 這種神秘體驗或冥契經驗當然還是以道德為義的，只因它已然不是知識理性所能理解，亦不全然依靠邏輯規則來呈顯說明，更非科學的檢測所能實證者，所以被認為有神秘的傾向，但究其實乃一辨證地圓融，因此若將它和薩滿巫咒等量齊觀則差之遠矣。又當代美國著名的哲學家史泰司（Walter Terence Stace,1886-1967）曾經說：「冥契經驗不僅是主觀的，而且是超主觀的。這是種與一或梵我合一的經驗，一與梵我也是宇宙的生生之源。假如這種詮釋冥契經驗無誤的話，我們即可進入冥契倫理學的理論。依據這種理論，倫理價值的根源在於冥契經驗。……倫理價值源自冥契經驗，這種經驗的根源位於宇宙根本的一或梵我之處。職是之故，這種理論認為倫理價值不僅是人類之事，它事實上反應了造化本性，而且紮根於造化本性。由此更進一解，自然主義通常主張非人文的世界與價值互不相干，冥契理論斷然反對此種論點。」史泰司固不必是針對儒家而說，但亦可為儒家之道德宗教及其超言說義做註解。以上引文見 W.T.Stace 原著，楊儒賓譯，《冥契主義與哲學》，頁 447-448，台北，正中書局，1998 年。

第四節　生命存在的終極義

　　終極的真實是絕對而永恒的真實，換句話說，終極的真實是超越於時間空間或不被有限的時間空間所拘束者，因此凡能契合於終極的真實而能與終極的真實如如同在者，亦當不僅僅是有限空間時間中之存在者，我們乃稱此爲具終極意義的生命存在。

　　依西方基督宗教的傳統，上帝是唯一的終極真實者，且是天地萬物的唯一創造者，相形之下，人之做爲天地萬物之一，即無法憑藉著他有限的力量來爲自己找到「掙脫有限以達無限」的可能，除非他能夠得到上帝的恩寵和救贖，因此「信上帝才能得永生」乃成了一般西方人所信守不渝的箴言。另外，佛教本是「爲去掉實有而奮鬥」、或「爲非有而奮鬥」（struggle for non-being），[34]它認爲一切存在原都是因緣生、因緣滅而無所謂本性、自性者，是之謂「諸法畢竟空」，然而眾生卻由於無時始來之無明的顛倒作祟，以致不斷地造作現識、不斷地遍計執取，因此乃有生生世世的輪迴之苦，惟若能去一切執、轉分別識、斷無明盡，就能觀空、見如來、證無生法忍，亦即是進涅槃界而得解脫。

　　基督宗教講的永生以及佛教所說的涅槃，雖然強烈顯示出有生、無生的對比，但就同樣是超越於人的有限性、同樣是做爲終極之真實者來說，它們的地位是相同的，若儒家在這裏亦有其不共義在，那就是「不朽」的觀念，底下即先就位與序的意思說起。

---

34 兩句皆牟宗三先生所說，前者見牟宗三，《中國哲學十九講》，頁255，後者見牟宗三，《四因說演講錄》，頁123，台北，鵝湖出版社，1997年。

一、分位時序的自在

　　儒學是在生活世界中踐履篤實、自在自得的學問。生活世界是個場域，亦即是我們以自己的身/心去詮釋生命的意義、見證客觀的理趣時，所一併彰顯和憑賴的情境，此情境當然和環境不能等同，但它依然可以具有時空義。惟依儒家的見解，不論是從存在的整體關係來看，或是從主體的價值活動來看，此情境或場域並不是時空座標上固定的交會，我們亦不純然只是佔據著某一處、某一時之有限且個別的生物體而已，若恰當地說，在生活世界中自覺和用心的我，乃是分位時序意義下的自存自在，儒家之所以不從宗教義之永生或無生去討論終極的真實，與此亦有著相當的關聯，唐君毅先生曾說：

> 《易經》中言位，即以代空間，言時亦即是言序。物有位，其生起變化也依時序。位變時序變，時序變而位變，時位變而事物所感通之其它事物亦變，事物之本身亦變。⋯⋯誠然，指特定之事物而說，固自有其異於他物之位與時序。然一物之位，吾人可說乃由其與其他事物相關係而所在之場所決定。自自然萬物之為一互相涵攝感通之生化歷程上看，則物之位在此，其所感通者恒在彼，即其位亦不得說定在此。至於事物生起之時，則由與之同呈現之事物而定，然一事物之生起之時在此，其所承以生之事物，及其所開啟而使之生之事物，則在前時與後時，其生也，乃涵攝以前宇宙事物以生，其成也，即被以後之宇宙事物所涵攝以成，則其時亦不能說定在此。於是吾人雖可指出一物異於他物之位與時序，而實不能謂一物之只定限於所占據時空之一部。⋯⋯一物於其位所見之空間非他，即一物所以攝

受他物之觀景，或安排來感物之座標也。事物間之時間非他，即萬物之相承而感通之際會。一物之未來時間非他，即一物由攝受他物，而將有所創生之「遠景」或「可能範圍」也。由是而空洞之時間空間，皆宇宙生生之幾之所運，皆乾坤之大生廣生之德所覆載而充滿。[35]

唐先生以上的解釋，是以分位時序來區分時間空間的不同，有效遮撥無限時空和有限時空的對立，也讓人的死與生從此不再是有與無、存與亡、生與滅的緊張關係，而是隱顯、始終、幽明、生化等一體兩面，所以他又說：

中土思想之不以有無等為第一義上之概念，而以隱顯、幽明、生化、剛柔、陰陽、乾坤等，為第一義上之概念，故於生死之事，視為始終之事，而不視為生滅之事。……孔子言「未知生，焉知死」、「未能事人，焉能事鬼」，亦非謂不可事鬼神，更非謂死必無知，而為無所有也。若依《易傳》及《中庸》之隱顯、幽明、始終之義言之，則死自是由明而幽，由顯而隱，由始而終。然始終相成，終則有始，固無死即斷滅無有之論也。[36]

唐先生的這種生死智慧，除了使人不再對死亡心存死懼和不安外，關於「人雖有限卻可以無限」的道理，也能夠深刻的回應，他既化解了人對自己生命之有限性而生的不確定感，同時亦凸顯了人在宇宙生命中以及社會活動中的積極地位，從儒家之即主觀即客觀、即內在即超越的義理來看，可以說是深得其中三昧。

儒家誠然一方面是從整體性的存在思維而將個人定位在全體宇宙的有機統一中，認為個人存在的同時即是在彰顯或見證此

---

35 唐君毅，《中國文化之精神價值》，頁 97-99。
36 唐君毅，《生命存在與心靈境界》下冊，頁 1075。

天地人我之總體的活化關係，他的死亡則是歸藏於密，亦即是在盡了承受傳繼的責任之後，留其遺澤以啓迪宇宙的再造生機，所以一個人不論是生或死，其實都是和全體宇宙的生存與發展息息相關的；另一方面儒家亦從客觀的社會實踐上，強調人在歷史文明之繼往開來的重要性和必然性，主張一個人的心量和德量乃是可以通過對歷史文化的自覺和擔負，當下穿透時空的隔閡而上通千古、下開百代者，所以他的生與死不啻就是點燈傳燈之不同罷了，換句話說，人一生的德業及其存歿夭寧、生安死順之道，亦莫非是在「大人以繼明化於天下」的實踐中求得成全者，其生前之尚友乎古人、明察於庶物人倫並不忘其子孫地匯集千燈萬燈以共照於世運寰宇，亦即是他臨終之坦蕩和死後之莊嚴神聖的唯一保證。凡儒家之論通達於幽明兩界，論死生之一如而知生即是知死，其崇高之偉義都盡括於此。

孔子在《論語》中說過：「朝聞道，夕死可矣。」（〈里仁〉）並且曾經形容自己是：「發憤忘食，樂以忘憂，不知老之將至云爾。」（〈述而〉）有人以為孔子的樂觀是因為他向來就有一顆快樂學習的心，可是這顆快樂學習的心卻不一定是放諸四海而皆準或是異地而皆然的，所以他的怡然自得終究不能絕對符合一般人的讀書經驗，最多當做是一種鼓勵罷了，此外也有人說孔子竟然將道義看成比人的生命更重要，這就未免不近人情，甚至有「泛道德主義」的嫌疑。像這種理解都是平面的、心理學式的片斷看法，全然不知生命學問的深度意義及其縱貫性智慧的所以然，蓋儒家的道是含古今、合內外、徹上下、齊生死、通幽明的，所以如果能夠體認真常大道的義境，那自當是一種法喜充滿的大自在，值此之際又何在乎生死的分別執取呢？又何必有生死交關的不安與恐動呢？明末大儒王船山在《四書訓義》中曾說：「人盡而後歸之天，

性盡而後安之命。」儒家的生死智慧蓋有如此之精湛者，希望那些讀書不求善解又喜於妄做橫議的人，能夠對前一段所說的意思仔細深思熟慮之，千萬不要再自限於淺薄以自誤誤他也。

孟子曾經引述子貢的話說：「學不厭，智也；教不倦，仁也；仁且智，夫子既聖矣夫。」（〈公孫丑上〉）他更讚美孔子是「自有生民以來未有」而承認自己是「乃所願，則學孔子也」，可見他對孔子以及孔子所昭示的境界是感同身受的，他原本就是如此清楚地了解「萬物皆備於我。反身而誠，樂莫大焉，強恕而行，求仁莫近焉」（〈盡心上〉）的道理，所以一方面能夠義正辭嚴地說：「昔者禹抑洪水而天下平，周公兼夷狄、驅猛獸而百姓寧，孔子成春秋而亂臣賊子懼。《詩》云：『戎狄是膺，荊舒是懲，則莫我敢承。』無父無君是周公所膺也。我亦欲正人心，息邪說，距詖行，放淫辭，以承三聖者。」（〈滕文公下〉）又說：「五百年必有王者興，其間必有名世者，由周而來七百有餘歲矣，以其數則過矣，以其時考之則可矣。夫天未欲平治天下也，如欲平治天下，當今之世舍我其誰也？」（〈公孫丑下〉）另一方面則又信誓旦旦地肯定：「盡其心者，知其性也，知其性則知天矣。」（〈盡心上〉）「夫君子所過者化，所存者神，上下與天地同流，豈曰小補之哉！」（〈盡心上〉）凡真正之儒家其能共修共證於終極之真實者，都永遠會有如此的圓熟和偉烈才對。

二、香火薪火的相續

終極的真實是有其超越性和永恆性的，今儒家既然是以共融於宇宙生命和通向於歷史文明來說明人的真正目的和神聖性，而不根據宗教的救贖或解脫以證成終極的真實，那麼它的最好交代就應當是人文世界的生香活意和道業皇皇，這包括血緣親情的長

存永在以及學術文明的延續拓展，陳德和先生亦曾說：

> 在國人的內心中通常存藏著兩把火炬，並且期待它們永遠
> 能夠點燃，永遠能夠放光發熱。這兩把希望之火，其一是
> 主觀義的香火，另一是代表客觀價值的薪火：香火離不開
> 血緣親情，薪火則是歷史文明。願血緣親情常保溫馨，願
> 歷史文明煥乎其有文章，是之謂香火之繼續、是之謂薪火
> 之相傳。香火之不可以中斷滅絕，乃是因為它代表著家族
> 生命的求其弗遠無疆，所以傳統庭訓中每每聽到「不孝有
> 三，無後為大」（《孟子·離婁上》）的告誡。……薪火的光
> 輝原是象徵著學術與志業的永續傳承，它本超越於自我宗
> 族之外而求其普遍地含蓋，然而它亦不外是對可大可久之
> 文化生命體的如實印證，孔子說：「周監於二代，郁郁乎文
> 哉！吾從周。」（《論語·八佾》）又說：「殷因於夏禮，所
> 損益可知也；周因於殷禮，所損益可知也；其或繼周者，
> 雖百世可知也。」（〈為政〉）就具體展示了他對歷史文化的
> 認同和學術使命的自覺，薪火相傳的意義莫過於是。[37]

此外，李瑞全先生亦曾云：

> 在生死方面，儒家認為人與天地萬物為一體，同在大化流
> 行之中而不可分。個人的生與死只是個體特殊面貌之顯與
> 隱。人之軀體自無可免而同歸於塵土，但人之精神則可長
> 存，故孔子說：「小人曰死，君子曰休」，即，個體所表現
> 之精神與價值可以無限地在不同生命中繁衍下去。這一點
> 可從兩方面來說明：一是個體生命可說在家族生命中延
> 續，在子孫祭祀紀念中恒恒存在，故古人稱先人為「先君

---

37 陳德和，《台灣教育哲學論》，頁 42-43。

子」，是以先人與家族有生育開創的功德而言；一是對整體
人類有所貢獻而為無數人所誦念的偉人，所謂「立功，立
德，立言」的三不朽，與人類世世共存。[38]

香火薪火的長存與發展，誠如陳先生之所說，惟總括其意，
其實不外乎「延續家族生命」、「貢獻整體人類」而證成「不朽」
的要求。從文獻看，「不朽」的講法最早應該出現在春秋時代，《左
傳》中至少曾先後出現了五次關於「不朽」的記載，分別是在〈僖
公三十三年〉、〈成公三年〉、〈成公十六年〉、〈昭公三十一年〉和
〈襄公二十四年〉，其中前四次出現的「死且不朽」大體指的是：
如果能夠死在自己的國、家，死後就可以享祀，死後的精神靈魂
就可以和宗族祖先的精神靈魂在一起，至於第五次出現的就有了
不同的內容，它就是叔孫豹和晉國大夫范宣子對話時所說的：「太
上有立德，其次有立功，其次有立言，雖久不廢，此之謂不朽。
若夫保姓受氏，以守宗祊，世不絕祀，無國無之，祿之大者，不
可謂不朽。」陳來先生曾描述這種轉變是：

> 范宣子習聞「死而不朽」，他以為，死而不朽就是指一個氏
> 族世職世祿的傳衍。叔孫豹則認為，世代做官不絕，這並
> 不是死而不朽。所謂死而不朽，是指一個人在道德、事功、
> 言論的任何一方面有所建樹，傳之久遠，他們雖死而其名
> 永立世人心中，這才是不朽。這就把一個祭祀文化 —— 宗
> 教中的「不朽」觀念轉變成為一個完全人本主義的「不朽」
> 觀念。這是文化發展中的創造性轉化的實例。[39]

叔孫豹對於「不朽」觀念的劃時代新說，誠然如陳先生所形

38　李瑞全〈儒家之臨終安寧療護之取向〉，《應用倫理研究通訊》第 8 期，1998
　　年。
39　陳來，《古代思想文化的世界 —— 春秋時代的宗教、倫理與社會思想》，頁 125。

容的，是將它原有之素樸的宗教性格，轉化成爲純粹的人本主義性格，此亦無疑是高度體現了自周初以來之宗教人文化的精神而有以致之者，不過筆者則認爲，所謂人文化自不必放棄宗教的意識，同樣地，人本主義的不朽觀亦不必和祭祀儀式及其所欲承載的意義完全切割者，換句話說，叔孫豹之偏薪火相傳義的三不朽，其實和偏香火不斷義的氏族不朽是可以同在、而且亦必須是同在的，蓋一者它們同樣肯定了生命之流衍的重要性，另一方面則是因爲後者乃能成爲前者的質料因，假如沒有後者的經營，那終將沒有了人，沒有承當學術、表現文化的個別體，如此一來那又如何有人本或人文之可能呢？

其實從人之做爲全宇大宙的一分子，又是以分位時序的自在立足於生活世界中來看，不論是香火和薪火都是同樣重要的，若以薪火爲例，則儒家之有充分的使命感，自不待言，而且它的使命感既非一人、一家、一族、一國之私，同時也不是只局限在物種的立場而同成爲狹窄的人類中心主義者，它是具有超越的普遍情懷而要向古往今來的宇宙和天地萬物負全責的，即是因爲如此，凡是真正的儒者必然都會有從容就義的勇氣，也必然都會不憂不懼地共勉於大道，這亦讓我們連想到傅朗克的意義治療學（logotherapy）。

傅朗克在他的意義治療學中，特別用「求意義的意志」（a will to meaning）來規定人的存在本質，並以爲它是一種高於心理分析所討論之精神，乃屬於心靈層次者，從這種層次所發出的力量就是「心靈的動力」，[40]傅朗克又認爲自由是人的天賦，責任則是人的天職，他說：

40　參見 Viktor E. Frankl 原著，趙可式、沈錦惠合譯，《活出意義來》，頁 122-131，台北，光啓出版社，1967 年。

病人必須自行決定他究竟該對社會負責，抑或對良知負責。不過，也有不少人自認為該對上蒼，對天主負責。他們不只以承擔責任的角度，更以奉行上天旨意的角度來詮釋自己的生命。……人是一種能夠負責的受造物，他必須實現他潛在的生命意義。[41]

傅偉勳先生曾經指出，傅朗克和孟子兩人的思想有不謀而合之處，[42]筆者同樣以為在傅朗克的學問中，呈現著強烈的儒家色彩，尤其是從薪火之永不止息的角度來觀察，更是如此。譬如：傅朗克他所講的求意義的意志，就讓人覺得和儒家陽剛乾健、惕厲昂揚又必以天下為己任的道德心性似曾相識；他提出的超越於心理分析所屬之精神層次以上的心靈及心靈動力，與孟子小體大體的區分和心之官則思的主張，也十分雷同；他的自由說和責任論和儒家的「我欲仁，斯仁至矣」、「舍我其誰也」一樣，亦是那麼地自信自肯、那麼地堅貞偉烈；至於傅朗克基於自己的文化傳統所表示的上天旨意，儒家亦不必然要完全反對，且若因奉行此一上天的旨意而務必展現一超越精神的話，此更當是儒家所該欣賞的。

綜合以上所說，我們認為傅朗克的意義治療學主要的面向還是在意義的探究，它乃有著積極的興發功能，若是見文思義而只當它為消極的除病劑而已，並判定他的學問性格較近於道家中的

---

41 同前註所揭書，頁 136。

42 傅偉勳先生說：「傅氏的意義意志類似孟子在人性的高層次肯定超越自然本能的本然善性，而他『人生乃是一種任務』的實存意義觀，亦會通著孔孟以來儒家所體認的正命或天命，亦即『人生是天賦善性所不得不弘顯的道德使命』。而傅氏通過實存的意義分析勸導厭倦人生、意欲自殺的心理病症患者重新發現並抉擇生活的積極意義，亦即吻合孟子正命之說。」傅偉勳，《批判的繼承與創造的發展》，頁 175。

老莊，反而不是最恰當的。

儒學和傅朗克的意義治療學既然是如此的惺惺相惜，若傅朗克具有著超向終極真實的啓示，那麼儒家之言薪火的永不止息亦當然會如他一般，亦契向著終極的真實，至於香火的長久傳遞，同樣具有不朽的象徵意義，凡《論語》、《孟子》中之論孝即能充分透顯這個可能，例如孔子說：「父在觀其志，父沒觀其行，三年無改於父之道，可謂孝矣。」（〈學而〉）孟子也說過：「大孝終身慕父母。」（〈萬章上〉）即是就父親可以由子息的懷念與嗣續來說明兩代間的生命連結。

其實非特兩代間之可以有此連結，凡血緣親情莫不可以無限延伸，但它的前提是必須子孫後代都能瓜瓞綿綿，以及永遠願意虔誠地通過生活世界中之繼志述事以及祭祖的活動來求其心靈的相感通，唐君毅先生故曰：

> 中國儒者言鬼神，本於生者之不忘死者，即本於死者之回憶追念也。……此中，人必更繼之以對此所回憶追念之人之事，更有情感上行為上之回應。如儒家之繼志述事等，然後能盡此回憶追念之義。……依此對死者之回憶追念，與繼志述事，以言死者之鬼神，則死者之志之事，既一有永有，即永可使念之者，有對之之回應。此亦原為人間之一實事。故千載之後，「聞伯夷之風者，鄙夫寬，薄夫敦；聞伊尹之風者，頑夫廉，懦夫有立志。」人之不忘其先聖先賢，若祖若宗，若父若母，若師若友之遺事遺德者，其所引起之感奮興發，皆可永無已時也。……人於此唯當以內在的真誠，加以感通，以成生者對死者之繼志述事、與祭祀之儀等者，而非只寄於想像與推理之一超越的信仰者

也。[43]

　　孔子曾說：「生，事之以禮，死，葬之以禮，祭之以禮。」(〈學而〉)他本是強調基於一貫合理的態度以盡其親思孝行的重要性，卻也同時告訴我們，父母不論生或死對子孫而言卻是永遠存在的，凡事、葬、祭亦莫非是父母生命與子孫生命的直接交會，所以只有始終如一地盡此合理之方式，才不愧是祖先父母的孝子慈孫。甚至我們還可進一步指出，一個人苟真不愧於祖先父母，則亦不啻能夠興發父母祖先的潛德幽光，使天下之人發現我乃是有賢父兄者，換句話說，孝子慈孫一定會承認他的生命和祖先父母乃是同源共流，也一定會期待他的後進繼續交接傳遞，以求家世門第的福祿永終，若然者，香火之不息同時即是祖先與我以及我以後世世代代子孫之不朽的象徵了。

---

43 唐君毅，《生命存在與心靈境界》下冊，頁 1077-1081。

第五章　孟子生死慧的現代意義

　　如果傳統思想的有效性僅能存在於過往的陳跡中，則思想的價值就只能在吾人緬懷歷史時才產生意義。然而，孟子思想並非僅僅是停留於過往時光的古老回憶，而更是能超越時空的限制實際應用於今日社會，替我們在生命困頓之處提出關鍵之指引的明燈。因此在下述的三節中，本書將透過孟子生死慧針對生命教育、情緒管理，以及安寧療護等三個當代社會所面臨的重要議題，提出反省與回應。

第一節　孟子生死慧與生命教育

　　「生命教育」是當前國內教育工作的重點訴求，也是近年來廣為學界所探討的議題。扼要地說，生命教育即是關於生命之內容、生命之意義、生命之價值、生命之發展、生命之理想、生命之安頓和生命之歸趣的教育。當然，由於生命教育所含括的範圍並不僅限於對人類自身生命的關懷。所以，生命教育雖是以人為施教的對象，但所可能觸及的議題卻並非只局限在人的生命本身，而必須關聯到其它的有情、甚至一切非有機性的自然物等。

一、生命教育的出現與演變

　　近代西方對於生命教育議題的關懷，肇因於藥物濫用的問

題，其原始的倡議則出自澳洲的泰德・諾圃（Ted Noff，出生年代查）先生。泰德・諾圃先生是位牧師，他有感於時下環境中青少年吸食毒品、嗑藥成癮的嚴重性，深深覺得此將不但致使許多青少年死於藥物中毒與愛滋病變，同時又會造成社會安定及發展上的極大的問題，因此就在 1979 年時，於澳洲的雪梨成立了世界第一所「生命教育中心」（Life Education Center；LEC）以推動反毒教育，希望藉此以及早對兒童實施「預防訓練」。泰德・諾圃牧師的建議和行動，後來得到非常大的認同響應，如今全球各地都有「生命教育中心」的成立，並且已經發展成為國際性的機構，屬於聯合國「非政府組識」（NGO）的成員之一。

一言以蔽之，「生命教育中心」的成立目的，是在有效開導幼兒、兒童與青少年如何實現身、心、靈三方面的和諧，以及如何拒絕對於藥物的依賴。它希望藉由社區與學校的互相配合，讓兒童及青少年遠離不良的環境，使他們從此能夠避免藥物濫用所可能帶來的危害，包括「暴力」與「愛滋病」的侵襲等。

當生命教育在世界各地蔚為風潮之際，國內也開始亦步亦趨。國內「生命教育」的具體發皇，應該起於 1997 年前後，當時的台灣省政府教育廳為因應逐年增多的校園暴力以及青少年自殺事件，首先推動這個嶄新的計劃，並自 1997 年底，特別選定曉明女中為總推動學校，[1]成立了「倫理教育推廣中心」，[2]從此揭開了

---

1 台中市曉明女中為一天主教學校，其在前省教育廳推動生命教育之前，即已邀集學者就香港徐錦堯神父所撰寫之倫理教育教材擴而充之，以符合台灣學校之需求。該校實施倫理教育行之有年。參見：陳立言，〈生命教育在台灣之發展概況〉，《哲學與文化》第 364 期，2004 年 9 月。

2 「倫理教育推廣中心」後來改名為「生命教育中心」，總攬生命教育之推動，為全省國、高中職學校編輯教材、培訓師資，並協助各地區的生命教育中心學校，推動生命教育。

全國各級學校生命教育的序幕。在當時生命教育的核心精神為「認
識生命、珍惜生命、欣賞生命、尊重生命」四大理念，工作之重
點著重在喚醒青少年對於生命的重視以及重新認知生命的意義。
隔了一年也就是 1998 年，經由孫效智、林思伶與王增勇教授的號
召下，邀集了一群熱心教學的中等學校教師，共同編寫了十二個
單元的生命教育教材；[3]此十二個單元由於淺顯易懂，教師與學生
接受度高，在學校推行快速，課堂間易於實施，因而奠定了學校
生命教育的基礎。然而，隨後由於政局波動而引發體制的變革，
使得原本舉足輕重並有小內閣之稱的台灣省政府當下被虛位化，
省教育廳也已然不再是個實質的單位，因此過去它所主辦和承辦
的所有業務幾乎完全停頓。但中央的教育部有鑑於「生命教育」
的重要性，[4]並為了延續既有的成果，於是自 2000 年起開始接手

---

3 此十二個單元的生命教育教材分為「倫理」、「終極關懷」以及「人格與人際
　發展」三方面，在倫理方面分為「良心的培養」、「能思會辨」、「敬業樂業」、
　「社會關懷與社會正義」以及「全球倫理與宗教」等五個單元；終極關懷方
　面分為「生死尊嚴」以及「信仰與人生」二個單元；人格與人際發展方面分
　為「欣賞生命」、「做我真好」、「生於憂患」、「生存教育」以及「人活在關係
　中」等五個單元。參見：陳立言，〈生命教育在台灣之發展概況〉。

4 不少學者指出，台灣社會由農業轉向工商業的發展過於快速，導致經濟雖快
　速發展，人的內在精神層面卻沒有跟上腳步，因而使得整個社會呈現許多病
　態現象。例如：何福田先生提到，台灣製造出經濟奇蹟，但伴隨而來的副產
　品則是社會沉淪，每況愈下，以及物質與精神失衡，加速了社會沉淪。解決
　此一弊端的方法則是推動生命教育，從心救起，而孫效智先生亦指出國內社
　會的快速變遷，與價值多元化導致家庭暴力、校園暴力與青少年傷人事件頻
　傳，而所謂的暴力包含二方面：一是不尊重他人與妨礙他人生命的暴力，二
　是青少年的自我傷害與自殺。不僅學界對此亂象提出警訊，教育當局尤其對
　於青少年迷失生命價值，以及缺乏健全道德觀念的問題相當重視，認為應該
　於校園內課程內實施生命教育，使學生了解生命之可貴，而能相互尊重、彼
　此珍惜，盡而建立積極的人生觀和正確的價值觀。於是中央教育單位亦極力
　推行生命教育，期待人能更加尊重生命，以營造更完善的人生。參見：何
　福田，〈生命教育的由來與重要性〉，《生命教育論叢》，頁 3-8，台南，國立
　台南師範學院，2001 年；孫效智，〈生命教育的內涵與哲學基礎〉，《生命教

這個工作，同時為使績效更加卓著，乃進一步邀請專家學者共同成立「推動生命教育委員會」，以負責研發它的基礎理論和課程教學。

生命教育發展之初，雖然由於政府的支持及學者們的熱情參與，而在相關研究上獲得豐碩的成果。但當許多以生命教育為研究主題的出版品陸續出版後，也形成眾說紛紜的狀況，而缺乏統整之論述。這顯然是由於不同研究者皆各有其研究觀點與研究背景，而這些立場與背景均足以影響研究者對生命教育的理解與詮釋。[5]因此往往出現定見不一、各持己見的現象。然而，若以時序區隔生命教育的發展歷程，仍可粗略的勾勒出國內生命教育在不同時段的發展特色。

大致來說，在 1998 年以前學者的論述著力點大都在「生命的尊重」與「自殺的防治」上，在此階段許多人將生命教育等同「防治自殺」，[6]之所以會產生這個認知，是由於在 1997 年社會上發生幾起學生自殺及殺人案件，導致教育當局開始重視學生的生命教育問題。[7]而由於生命教育剛在萌芽階段，因此未深入生活的各個層面。在 1999 年以後，一方面由於學者認知到生命教育不能

育的理論與實務》，頁 1-22，台北，寰宇出版社，2000 年。

5 黃德祥先生即表示：「推動生命教育的人士常依照其原本生命之立場、價值觀或宗教立場詮釋生命教育的內涵，因此文獻自然常出現各說各話的情形。」參見：黃德祥，〈生命教育的本質與實施〉，《台灣省中等學校輔導通訊》第 55 期，1998 年 10 月。

6 黃有志先生指出：「生命教育與自殺防治是畫上等號的，一想到生命教育便聯想至自殺防治的問題」。參見：黃有志，〈自殺風潮與死亡教育〉，《新講臺》第 3 期，1999 年 7 月。

7 胡中宜女士以及劉源明先生都曾指出「幫助學生珍愛生命是生命教育的重要內涵及因素」。參見：胡中宜，〈人權與人性尊嚴 —— 談生命教育與生命意義〉，郭靜晃等著，《生命教育》，頁 59-75，台北，揚智文化事業股份有限公司，2002 年。劉源明，〈談生命教育之推展〉，《台灣省中等學校輔導通訊》第 55 期，1998 年 10 月。

只局限在自殺的防治上，否則將太過狹隘，而且防治自殺僅是治標不治本的方法，真正能防患未然的是建立學生正確的人生觀，從家人、同儕以及朋友之間的互相關懷和幫助開始做起，才能達到更大的效果。另一方面，由於「全人教育」與「生死教育」教育理念的興起，使得生命教育的內涵更為豐富。[8]

然而，由於國內「生死教育」快速發展，也導致生命教育被扭曲化，形同生死教育之附庸，顛倒了主從關係。[9]推行生命教育之學者感受到此項隱憂。因此，教育部在 2001 年時，再次為生命

---

8 不少學者均就「全人教育」與「生死教育」議題，提出寶貴的見解。例如，在「全人教育」方面，陳德光先生認為「生命教育是以生命關懷為中心的教育，能代表之事與生活互相整合的教育，大學生命教育的內容就是六個生命層面：終極信仰、認知、規範、表現、社會、自然」；錢永鎮先生提出「培養學生具有生命的智慧，包含自尊的教育、良心的教育、意志自由教育、人我關係的教育」；陳福濱先生提出「生命教育的探討，一方面追求生命的意義，以建立完整的價值體系，一方面期能落實於具體的生活環境中，提升生活品質，以尋求安身立命之道」。在「生死教育」方面，連廷嘉先生提到「能以健康角度看待死亡，並覺察自己在失落後的悲傷反應，以及失落後的哀傷調適，以協助個體有效的處理哀傷，走出悲傷的陰影」；張淑美女士主張「死亡教育」的六大內容，包括「死亡的本質與意義」、「對死亡與瀕死的態度」、「對死亡及瀕死的處理與調適」、「特殊問題的探討」、「生命的意義與價值的思索」以及「有關死亡教育的實施方面」等六項議題。希望藉由死亡的觀點來讓青少年認清生命的意義與價值，進而愛惜生命，並實現自我。以上資料分別參見：陳德光，〈大學階段生命教育的內涵〉，《生命教育與教育革新學術研討會論文集》，頁 41-56，台北，輔仁大學，2000 年；錢永鎮，〈生命教育的理念和做法〉，《生命教育－教孩子走人生的路》，頁 28-31，台中，曉明之星，2000 年；陳福濱，〈生命教育的倫理基礎〉，《生命教育與教育革新學術研討會論文集》，頁 25-40，台北，輔仁大學，2000 年；連廷嘉，〈悲傷歷程與輔導〉，《國教之友》第 552 期，1999 年 3 月；張淑美，〈漫談生死本一家〉，《中學生命教育手冊－以生死教育為取向》，頁 1，台北，心理出版社，2001 年。

9 劉明松先生提到：「生命教育內涵為教授有關死亡的各種問題，以及有關臨終關懷或殯葬禮儀等。」顯示由於生死教育的蓬勃發展，原本應教導學生生命價值觀的生命教育，反被生死教育所涵蓋，而失去了原有之主體地位。參見：劉明松〈生命教育之推展〉，《台灣教育月刊》第 580 期，1999 年 3 月。

教育定向，提出推動生命教育的中程計畫，當中預測生命教育的未來趨勢當有六點：（一）生命教育與終身學習密切結合；（二）生命教育必將成爲學校教育的重心；（三）家庭、學校與社會「三合一」推動生命教育；（四）重視生命品質時代的來臨；（五）學校提供多元學習，發展學生多元智慧；（六）兼具科技與人文的素養。[10]

在 2002 年後，生命教育的發展更深入人的生活各層面，舉凡哲學、倫理、生死、宗教與人格統整等議題，同時再各議題上發展出系統性，[11]使得生命教育成爲全面性的全人教育。由於生命教育不能只從生死議題或是免除死亡觀點去看，因爲死亡是無法避免的，重點是如何追求人生命意義的安頓立足點，讓人活得更有價值並且更有意義，才是生命教育的重點所在。[12]因而必須從啓發人生命的智慧與反省生命的價值，藉此增強整合生命、生活的能力，進而探究人生命存在的價值。同時在高中的正式課程內，納入生命教育較爲重要的內涵，包含了解自我及自我接納、認識生命現象、欣賞生命與存在價值、建立親密的人際關係、創造品格的教育、生涯規劃的理念與實際、悲傷與失落的輔導、危機調適與因應、勇於面對死亡等。[13]藉由學校的輔導體系，配合

---

10 參見「教育部推動生命教育中程計畫（九十至九十三年度）」，教育部台（九〇）訓（三）字第九〇〇六三〇號函，中華民國九十年五月二十九日。

11 孫效智先生提到：「生命教育之具體內涵應具全人之周延性，涵蓋哲學、倫理、生死、宗教與人格統整等各方面之議題，並應力求相關議題在學理上的系統性。」，可看出發展至此階段，生命教育從各方面議題發揮，期以最大的功效達成生命教育之目的。參見：孫效智，〈生命教育之推動困境與內涵建構策略〉，《教育資料集刊》第 27 輯，2002 年 3 月。

12 吳瓊洳女士指出：「生命教育不能只是死亡教育，而應涵蓋整個人生意義的探索及價值觀的建立」。參見：吳瓊洳，〈生命教育課程的設計〉，《台灣教育月刊》第 580 期，1999 年 3 月。

13 連廷嘉先生與徐西森先生並進一步認爲「此十項內涵可分成六個層面：『生

生命教育的各項內涵，將生命教育融入課程，在校園中推動，使得青少年能對生命的意義有正確的認知。游惠瑜女士指出：「在教育的過程中，啓發生命的智慧與增強學生專業能力之外的整合生命的能力，同時對存在意義、價值與目的之探索能力」。[14]由以上扼要的說明可看出，生命教育發展至 2002 年後，已經將整個教育的層面推至生活的各層面，比原先 1997 年以前著重在自殺的防治上，更向前邁進了一大步。

二、生命教育的反思與參與

依教育部現行公佈的課程暫行綱要，國民中小學的生命教育由於因應九年一貫的新制，將不採行獨立分科的教學方式，而是融入到七大學習領域中全面實施，高中高職則由於向來就是學科制，所以還是維持單位教學，譬如以普通高中爲例，教育部就規劃出八個「生命教育類」的選修學科，每科都是兩學分。這八個學科分別是：「生命教育概論」、「哲學與人生」、「宗教與人生」、「生死關懷」、「道德思考與抉擇」、「性愛與婚姻倫理」、「生命與科技倫理」和「人格統整與靈性發展」。在這八個學科當中，「生命教育概論」屬於入門的基礎，專爲高一的學生而設計，另外七科則是進階課程，由學校依實際情況選擇最適當者提供高二以上的學生研讀。

由學科的規劃中不難發現，教育單位透過「生命教育」所希

死取向』、『生涯取向』、『倫理取向』、『健康取向』、『環境取向』、『心靈取向』等。參見：連廷嘉，〈高級中等學校生命教育課程內涵之分析研究〉，《2002 年全國生命教育理論與實務研討會論文集》，頁 132，苗栗，育達商業技術學院，2002 年。

14 參見：游惠瑜，〈生命教育的哲學意義與價值〉，《逢甲人文社會學報》第 5期，2002 年 11 月。

望達成的教學效果，幾乎可以確定就是以價值的獲得做爲最後訴求的教育，更明白講，如果人類的存在目的就在於成就一切美好的價值與圓現生命的完整，那麼「生命教育」除了一方面強調自我認識的必要性外，另一方面則是想告訴學生們，如何經由學習和確認，以幫助我們在世間過著有品質、有意義的生活，亦即如何藉由思想的澄明及理性的活用，有效證成世俗性之倫理道德的「善」和超越性之終極歸趨的「聖」。因此「生命教育」其實還是關於廣義之人格教育的理論教育或是關於人生意義之找尋和人格境界之昇華的一套理論教育，它觀念的主要來源，則是以「生命之哲學考察」爲大宗，又假如「生命的哲學考察」可以簡稱爲「生命哲學」的話，那麼一言以蔽之，「生命教育」就是圍繞在「生命哲學」諸議題的教育了。

　　若是前述無誤，則生命教育的範圍，乃是包括生命主體的發現、生命意義的探索、生命品質的提昇，生命境界的開顯和生命目的之證成等等。凡此種種議題，在孟子思想中莫不都有深切的體會和昭告。此又可由下述兩方面論述，以明其真：

　　其一，就生命主體的發現與肯認而言，生命教育首重人對於自我的認識與肯定。此由於人若是不能認識自我的生命主體，則人生的存在意義不明，而人若是不能肯認自身的生命意義，也難以關懷其他的生命。所以，生命教育首當教導學子認識自我、肯定自我。然何謂「自我」固是眾說紛紜，若筆者則以爲從應然或實踐的需求做考察，「自我」可以有兩層的區分，一是生物性的我，二是人格性的我；此頗似於「形」與「神」的二分，亦即儒家所謂「氣質之性」和「義理之性」的不同。以實踐的活動和實踐的目的來說，這兩層的自我當然都不能偏廢，不過還是有其先後之別。就孟子學而言，「義理之性」方是生命的真實主體，當爲吾人

所存養擴充，長保而不失。在〈告子上〉中，孟子就曾明確指出：「從其大體為大人，從其小體為小人」，他以生命的永恆價值為定向，分判人的本心善性才是大體，耳目之官乃是小體，此為儒家以價值貞定生命，以生命圓現價值的一貫之旨。牟宗三先生對於孟子此處所言，亦曾有明確的說明，他說真正的主體就是真實的生命，亦即是真我（real self），凡儒釋道三家之生命的學問，其一切的教誨和訓示即是在啟發我們，如何經由逆覺體證以發現此真我、充其極實現此真我；牟先生並說，儒家不同於佛老者，是將真我做了特殊的規定，而成為「內在道德性」，或曰「道德的主體性」，此相當於孟子講的本心善性，總之就是我們生命的真實自我。[15]

　　真實自我能夠獲得肯定，然後才能知性知天、由仁義行，最後實現美滿的人生，孟子嘗曰：「先立乎其大者，則其小者不能奪也。」（〈告子上〉）即在鼓勵我等，必先挺立道德主體以為一切人間價值理想的實現做準備；他又曰：「萬物皆備於我矣，反身而誠，樂莫大焉。」（〈盡心上〉）此則說明一切生命的美好，都由於我們能夠顯豁道德主體、充盡真實自我。孟子如此地重視人之道德主體性，可說昭然若彰矣，惟孟子雖強調道德主體之自立，卻並非後現代主義者所批判的主體中心主義者。[16]

15　參見：牟宗三，《中國哲學的特質》，頁 5 和頁 30。
16　誠如陳德和先生所指出，雖然後現代思想對於中心主義的批判，可以說是不遺餘力的，但儒家絕對能夠應付它的質疑。考後現代思想之所以批判中心主義，乃是不滿於中心主義者恆以主體／客體或中心／邊陲的對立，進行本位化、一元化、宰制化、威權化的思考。惟儒家雖言主體，卻不落於如此之主體主義或中心主義的窠臼，此乃由於儒家所重的主體乃是能對比於他者（the others）並求彼此融通的主體，此主體究其實是互為主體。換言之，孟子身為先秦儒學思想之集大成者，固然真切肯認生命有其主體，但洵非以此主體為一切的焦點，而是當它做所有可能性的起點，且此主體既

其二，就整體生命的感通與關照而言，生命教育中所範圍的生命，不只是以人類爲中心的每一存在個體而已，它還包括天地之間的所有生命，換句話說，生命教育所要教導學生的不僅是珍惜自己的生命、尊重自己的生命、善盡自己的生命和豐富自己的生命，同時更要提醒學生，必須用相同的態度去面對其他一切的生命。如此的生命教育，自然是以一套整全性的思維作爲整個教育理念的基石，並且是期待每一個真實肯認生命主體的人，都能夠以全體自然爲其實踐的場域，且面對所有的天地萬物保持著感應和靈通。所謂「感通」亦不外乎是道德心靈的開放與暢通，仁者以「感通之無限，潤物之無方」體現了萬物與我同在、主客一時俱現的神聖真實，凡孔子所言「天下歸仁」，[17]孟子之讚譽君子乃「過化存神」都是此義也。[18]生命教育所含蘊的這種理念與關懷，正與孟子所言：「萬物皆備於我矣，反身而誠，樂莫大焉。」（〈盡心上〉）的仁者胸襟不謀而合。這也意味著，生命教育理當是將理想落實於現實人間，讓每一個關懷生命的人，都能在具體

是道德的，它必將與人爲善、成人之美，亦樂於參贊天地之化育，它的究竟理想則是主客俱現、物我皆實，至若以道德去對抗知識美感，或是獨顯其大而芻狗萬物，反而是主體的封閉與窒息，此並不能合於孟子思想的本義。參見：陳德和，《台灣教育哲學論》，頁 28；陳德和，〈儒家思想的生命教育理論 —— 對諍於全人教育論、多元知能論和層次進步論〉，《鵝湖月刊》第 367、368 期，2006 年 1 月、2 月。

17　筆者以爲「天下歸仁」所指的是：當道德真心如如朗現時，所顯之與萬物聲氣相通、休戚與共的一體之感。詳見陳德和《儒家思想的哲學詮釋》，頁 83-84。

18　牟宗三先生以爲，仁是以感通爲性，以潤物爲用，而感通是精神生命的層層擴大，最後與宇宙萬物爲一體，潤物則是在感通的無限歷程中，時時給予溫暖，時時帶出生機，且感通若是無止境，潤物亦將無邊無際，合而言之，即「感通之無限，潤物之無方」。參見：牟宗三《中國哲學的特質》，頁 30。

的生活世界中，成就自己，也成就別人。[19]

　　據此可知，感通是一種開放，也是一種成長，更是一種豐富的自我成就。存在的感通當然本質上是道德的活動，此道德的活動若可通向於宇宙的真際，則可見儒者對道德秩序的體現，亦即是對宇宙秩序的洞見。所以，孟子所謂：「盡心知性知天」，正是教人在道德義理承擔之當下即是對生命的整全重視。然而這是否爲泛道德主義的立場呢？其實如此地多慮是不必要的，此中關鍵即在如何定義道德。一般人都誤以爲道德總是一種行爲的規範、禁忌，或是教條，然而孟子卻不如此看待道德。孟子認爲道德的真諦就是天道創化的生生不息，因爲「生生之謂道」，而天理天道的顯現即是道德的表現，若牟宗三先生即以創造的真幾或創造性本身來形容天道天理，並說「創造性自己是指道體而言，從生活上講就是道德的創造（moral creation）。」[20]換句話說，若依循牟先生的意思，所謂道德即是要讓原來的不豐富變得豐富，讓原來的不美滿變得美滿，讓原來的不真切變得真切，所以道德不是排斥而是給予，不是做對而是成全，不是牴觸而是守護。孟子的這種道德觀，顯然不會是道德一元論，更不可能是所謂的泛道德主義。因此，以孟子思想爲生命教育之基礎，並非將生命教育轉化成徒具道德教條的死物。反而是將生命教育的視野拔高、拉闊，使宇宙間一切有情眾生，甚至是無機萬有，皆含納在生命教育的關懷中。

19　此所以孔子有言曰：「夫仁者，己欲立而立人，己欲達而達人。」（《論語‧雍也》）。

20　牟宗三，《中國哲學十九講》，頁118。

第二節　孟子生死慧與情緒管理

　　情意問題是人類最爲原初與切己的問題，而人的情意發展也成爲形構人之生命意義的關鍵之一。人藉由情意直接表達自身對於所處狀態的肯任或否定，由此而有喜怒哀樂等等複雜的情緒表現，換言之，人是藉由自身情意的呈現而將身體與世界間的先行聯繫關係給揭露出來。由此可見情意問題在人類生活世界中扮演的是何等重要的角色。近年來，由於受到丹尼爾‧高曼（Daniel Goleman，1946 年生）於 1995 年所發表《EQ》（Emotional Intelligence）一書的影響，[21]國內對於情意發展與情意教育的討論十分熱烈。然而，誠如沈清松先生在〈情意發展與實踐智慧〉一文中所言，高曼這本著宣稱「著眼於情感、人格與道德三合一」的暢銷書，實際上是用腦部的構成與演化、神經的分布與作用，來解釋此一高貴的「三合一」，用以激勵讀者的情緒控制與道德情操，一方面有化約主義之嫌，另一方面這種依據神經科學與大腦科學的道德論調，也難以使人的情感、人格與道德高尙其志。[22]本文亦認同沈先生的觀點，並嘗試以孟子生死慧的論述爲基礎，探討儒家實踐智慧在情意問題上的可能貢獻。

---

21 丹尼爾‧高曼（Daniel Goleman）這本著作曾在台灣造成洛陽紙貴的情形，他的議題和論點更是受到普遍的重視。又《EQ》的中文本係張美惠女士所翻譯，由台北的時報文化出版企業股份有限公司在 1996 年出版。
22 沈清松，〈情意發展與實踐智慧〉，《通識教育季刊》第 5 卷第 7 期，1998 年 3 月。

一、情緒管理的發皇與論議

「智力商數」（intelligence quotient，簡稱「IQ」或「智商」）在過往是常用以衡量個人聰明程度甚至是成功與否的一種參考基準。儘管這樣的觀點也一直備受爭議，[23]但真正影響學界與民間觀感的轉捩點，則在於 1995 年時丹尼爾・高曼《EQ》這本書的出版，從此以後，「情緒智商」（emotional quotient）及「情緒智力」（emotional intelligence）就成為上個世紀末最為世人所關注的熱門話題。[24]高曼表示，學業上的聰穎與情緒的控制關係不大，再聰明的人也可能因情緒失控或一時衝動鑄下大錯，人生的成就最多只有百分之二十可以歸因於其「智力商數」的高低，而其餘的百分之八十則受到其他諸多因素的影響，情緒智力就是其中重要的因素。他主張「情緒智力」是一種保持自我控制、熱誠和堅

---

23 例如，在 1985 年，Gardner 所出版的「心理架構」（*Frames of Mind*）一書中，他就明白表示反對以「IQ」作為決定人的一切成就的觀點。他認為人生的成就並不僅僅是取決於「IQ」的高低，還包含許多方面的不同能力的累積，他將這些智能分為以下七大類：「語言」、「數學邏輯」、「空間能力」、「體能」、「音樂才華」，以及「人際技巧」和「透視心靈」的能力。Gardner, H.（1985）. *Frames of Mind*, New York：Basic Books.

24 高曼的理論並非憑空冒出，而是在對前人研究的基礎上，大膽的提出總結性的成果。早在他之前，情緒理論已經廣為學界所探討，例如，Ellis（1979）指出情緒是人類行為反應與知覺統整後的複雜狀況，也就是一種「認知－知覺」的狀態，而 Plutchick（1984）則表示情緒是對刺激的一種複雜且連續的反應，其中包括認知的評估、主觀的感受、自律神經的喚起及激發行動，而此行為是由引發複雜且連續過程之刺激所造成的結果。Dworestsky（1985）則指出情緒是一種複雜的感受狀態，包括意識的經驗、內在明顯的生理反應及促進或抑制的動機性行為傾向。Ellis, A.（1979）. *Reason and emotion in psychotherapy*（2nd ed.）. Secaucus, NJ:Citadel；Plutchick, R.（1984）. A general psychoevolutionary theory. In K. Scherer, & P. Ekman（Eds.）, Approaches to emotion（pp.197-219）. Hillsdale, NJ: Erlbaum；Dworetsky, J. P.（1985）. *Psychology*. St. Paul, MN: West.

持且能自我激勵的能力，主要包含五個層面：對自我情緒的覺察、管理的情緒、自我激勵、認知他人情緒，以及處理人際關係的能力。[25]由於同時期有越來越多的相關研究成果陸續印證高曼在《EQ》一書中的觀點，顯示在不同領域中佔有優勢的成員，並非過往所俗稱的具有高智力的族群，而是那些情緒智力較高的人，因此「情緒商數」的重要性不僅在相當時間內爲學術研究所持續關注，甚至在不同的企業組織或是民間團體間，也一時蔚爲風尙，成爲話題的新寵兒。[26]

　　然而，若我們仔細檢視丹尼爾・高曼於《EQ》一書中的基本預設，將不難發現他所採取的是一種生物學的觀點探討人類的情緒問題，並期望在此一層級上解決人類情感與道德的統一問題。他將位居人腦的思考區塊與腦幹的中介部位視爲是人類管理情緒的中樞，並且主張這是人類這種生物在歷經數百萬年的演化之後，所逐漸發展出的一種由上層生理組織管理下層生理部位的演化結果。高曼認爲，人類思考的中樞部位在腦部的「新皮層」，而腦部的「杏仁核」是人類情緒作用的生理基礎，而人對自身情緒的控制管理則是倚靠「前額葉」來協調新皮層與杏仁核。因此他主張，在腦部的新皮質中有一連串複雜的路徑負責訊息的接收、分析與理解，最後透過前額葉導出反應。[27]高曼所提出的這種主

---

25 Goleman, D.（1998）. *Working with Emotional Intelligence*, New York:John Wiley & Sons, Inc.

26 例如，天下雜誌在 1996 年間，針對中華民國企業團體所進行的「企業人才需求調查」結果顯示，高達百分之九十七以上的受訪企業均認爲，員工的情緒商數（EQ）比智力商數（IQ）更重要，對組織與個人未來發展的影響也更大；但是同時也有百分之六十八的受訪企業認爲現行教育體系並不重視 EQ 的培養。莊宗憲，〈學校教育與社會脫節：社會需要什麼人才？〉，《天下雜誌》，1996 年度特刊。

27 丹尼爾・高曼原著，張美惠譯，《EQ》，頁 41。

張，實際上是先將人的思考活動與情緒反應視為大腦不同區塊的作用，再指出人作為一個有機體，大腦不同功能區塊的活動並非毫不相涉，而是可以相互協調與互補所不足的二元系統。因此高曼說：「我們人類可以說有兩個腦、兩顆心、兩種智力：理性與感性。……邊緣系統與新皮質，杏仁核與前額葉彼此都是相輔相成的，彼此合作無間時，情緒與智商自是相得益彰。」[28]。

　　值得注意的是高曼對於思考與情緒之統合的這種二元論看法，實際上是使得他原先嘗試以統一的人格駕馭情感與思考的企圖更顯困難。正由於他對人之情感與思考是奠立在他所預設的二元論立場上，因此人格的統一在他的預設中就形成了難以跨越的鴻溝，因此根本很難看出情緒與思考在人格的統一性中所起的作用。再者，儘管我們可以接受一種二元互補的論調，認同人格的統一是在情緒與思考的一連串協調互補活動中形成，但是只要一設想基於高曼的理論預設，所謂人格統合活動乃是一種隨時都必須注重情感與思考間的協調與互補活動，就可以發現這實在是十分繁複操勞又違背日常經驗的過程。試問如果情感的控制與管理必須無時無刻仰賴思考的監督與主導，那麼人的理性思維活動豈不有一大部分皆得消耗在觀察自我情緒的過程上，更遑論一旦涉及更為複雜的道德抉擇與情感衝突的問題時，整個活動過程必然更加繁瑣，而在這種條件下論說情感、人格與道德的三合一，恐怕是十分困難的。更重要的是，基於高曼這種主張，將人的情感、思考與道德都歸諸於大腦的活動與身體的機體反應上，人的道德活動根本上缺乏實踐的內在動機與動力，人的道德行為不再有其獨立自存的實踐價值，而僅僅成為「刺激－反應」關係下的生理

---

28 同上書，頁45。

表現而已。誠如沈清松先生所言，當我們重視情緒管理時，往往重視的釋出自道德的動機，而非基於任何對大腦構造與演化的知識，這是由於後者只有認知的意義，而缺乏道德的動力，此所以說高曼的情緒管理論調並不能使人高尚其志。[29]也因此，在下文的論述中，本書嘗試透過孟子學探討傳統中國儒學對於當代情緒管理議題所可能提出的貢獻。

二、情緒管理的再塑與落實

　　若將人的道德實踐僅僅歸屬於生理（大腦）與心理（情緒）的層面，則無疑是將人之道德如何得以實踐的問題降格至控管人的情緒的層次，這是混淆了人類對道德意義的倫理學探究與心理學上的情緒控管。所以依據《EQ》一書的立論基礎而試圖將人的人格、情感與道德合一而論，無異是緣木求魚的嘗試。嚴格來說，對於情緒的管理必然依據人對價值的判準，亦即是從西方倫理學上的「節制之德」或是中國哲學所強調的「實踐智慧」中，指引人在情意生發的當下而有「為」與「不為」的選擇。關於如何從西方倫理學上的「節制之德」討論情緒管理的部分，沈清松先生的專文已經有不少精闢的觀點，[30]本文不再贅述。在下文中所要探討的是如何從孟子生死慧的論述基礎上，陳述儒家對於情緒管理的主張。

　　儒家的思想是一種生命的學問，它不僅關懷世人如何在當下的生活世界中，追求生命的目的、見證永恆的價值，更進而實踐自我的存在意義，所以儒家思想乃是對生命的安立提出具體的心

---

29 沈清松，〈情意發展與實踐智慧〉。
30 沈清松先生指出，情緒管理與節制之德有密切的關係，這是由於節制是使人的情感能力卓越化的德行。詳見前揭文。

得，以做爲大家的安身立命之道，就此而言，儒家思想即是屬於一種「實踐智慧」。這又表現在儒家思想對於人類情意問題的主張，並不是僅僅在乎人的生理或心理現象應該如何透過客觀的分析而加以掌握，而是特別著眼在教化人心、顯發善性以挺立人的道德主體，由此充其極以圓現人之生命理想的義理上。換言之，儒家是透過「成德之教」的養成塑造以使人在情意問題上能依乎實踐智慧，在變動不居的情境中判斷並實踐整體之善，進而達到「發乎情，止乎禮，而不亂於性」的境界。

所謂「成德之教」，其本意乃是以人格的示範來感動另一個新生的人格，以精神的感召以指引深一層理想的企及，所以成德之教的「教」應該是教誨或啓發，如果當它爲一種理論或教條，則差之遠矣。成德之教就是關於人如何證成其內在的「應然性／真實性」的一套實踐工夫典範和生命教化指引。成德之教既包含提醒我們，如何正視自我、了解自我和期許自我的層面，也涵括啓迪我們，如何提昇自我、超越自我和實現自我的部分；依前者而論，成德之教是生命的學問，從後者來看，則是實踐的智慧，但不管是生命的學問或實踐的智慧，成德之教首先要關心的，就是主體成德如何可能的根據問題，亦即世人這個個體如何有可能自我完善化成爲具體義和實踐義之德行主體的問題，相形之下，抽象的思維我或是不具備具體義的認知主體，在成德之教中就不是第一義。

成德之教既然一定要在生活世界中實踐，那麼當然必須論及德性主體如何具體實踐其德的修養工夫。又所謂的「修養工夫」就是實踐其德的具體方法，它顯然應該包括踐履的步驟和秩序。再者，儒家的成德之教既是以道德爲本懷，並且同時涵攝統貫了主觀、客觀和絕對三方面，所以在步驟和秩序上，自有由內而外，

由近而遠的一套清楚井然的實踐進路。扼要地說，儒家在實踐的場域上是先以個人的日常生活為起點，講求家庭的和諧與倫常的維繫，其次再外顯於社會層面中的人際互動以及歷史文化中的人文傳承，最後則是俯仰天地、思參造化，將生命的視野通向於超越的天道天理；就實踐的內容說，則不外先反求諸己以得其誠，復次明於倫常以立其德，最後則是統貫天人而至誠無息。換言之，儒家的修養工夫是以開啟價值、創造意義為圭臬，由此透顯人的真實性實現。

在《論語》中，孔子曾經多次揭示進德修業的秩序步驟，譬如〈憲問〉記曰：「子路問君子。子曰：『脩己以敬。』曰：『如斯而已乎？』曰：『脩己以安人。』曰：『如斯而已乎？』曰：『脩己以安百姓。脩己以安百姓，堯舜其猶病諸。』」就是從先脩己再要求安百姓、安天下，此外孔子也曾說：「知之者，不如好之者；好之者，不如樂之者。」（〈雍也〉）又說：「知及之，仁不能守之，雖得之，必失之；知及之，仁能守之，不莊以涖之，則民不敬；知及之，仁能守之，莊以涖之，動之不以禮，未善也。」（〈衛靈公〉）復說：「賢者辟世，其次辟地，其次辟色，其次辟言。」（〈憲問〉）也是由近而遠、由淺而深地表示其秩序。至於將孔子之學「十字打開，更無隱遁」的孟子，更是留心提點儒者人格境界修養之先後秩序，例如在〈離婁上〉他就說：

> 居下位而不獲於上，民不可得而治也；獲於上有道，不信於友，弗獲於上矣；信於友有道，事親弗悅，弗信於友矣；悅親有道，反身不誠，不悅於親矣；誠身有道，不明乎善，不誠其身矣。是故，誠者天之道也，思誠者人之道也。至誠而不動者，未之有也；不誠未有能動者也。

孟子如此之敘述，既明能治民乃以脩身為本，又指出脩身當

由外顯的行為表徵轉而收攝到內在的真實，並由內在的真實而向上通達於至誠無息的天道，其上下內外先後，可以說是井然有序。除此之外，在〈盡心上〉孟子亦說：

> 廣土眾民，君子欲之，所樂不存焉；中天下而立，定四海之民，君子樂之，所性不存焉。君子所性，雖大行不加焉，雖窮居不損焉，分定故也。君子所性，仁義禮智根於心，其生色也，睟然見於面，盎於背，施於四體，四體不言而喻。

此段論述對君子之德的實踐也是以層層轉進的敘述方式透顯而出，並藉由此轉進而展示人格境界的拔高在正於吾人對道德義理的承擔與實現中證成，其工夫修養的步驟、秩序十分清楚、明確。

儒家向來就是以道德為不二法門，由以上對孔孟修養工夫境界的詮釋，亦不難發現，儒家的成德之教正是透過工夫修養使人能挺立德性主體、促使情意和諧、成就人格典範。又從以上可知，情緒管理僅是從心理學上的現象描述，探討吾人如何對情緒採取有效的節制控管，尚未探及人之情緒與價值判準間的關聯，亦即是尚未揭露情緒管理的倫理學基礎。本文所提及的「實踐智慧」亦即是從中國哲學，尤其是孟子學的理論基礎，陳述情緒智能的倫理學基礎。透過這樣的論述與理論上的架接，方足以將情意問題上提至道德與價值的層次論述。基於以上推述可知：在儒家思想中，情緒管理並不是就人的喜怒哀樂給予智性的分解釐判並提出功利式的效能管理，情緒管理必當探究情意問題，而情意問題必當在生命問題中得以消融，所以儒家學者必當同意，人的情緒

管理乃是在人的德性生命實踐活動中得以導向和諧，[31]因此之故，成德之教是儒家解答情意問題的修養工夫，而實踐智慧正是人在成德之教中所學習用以判斷具體情境中如何實現整體之善的生命智慧。

最後筆者將指出的是，孟子如此這般的思想若相對於最早高曼所提之偏心理學義的情緒管理理論而言，非但是一種觀念的再塑造，更是最具行動力量的落實之道。

第三節　孟子生死慧與安寧療護

死亡是生命無可避免的一部份。然而，人應當如何面對死亡？尤其是以久病難癒之軀坦然的迎向死亡，則是值得所有人深思的課題。在西方世界，「安寧療護」的理論與實踐已經行之有年，國內學界在近幾年來，也有不少相關研究提出。所謂安寧療護，是一種對治癒性治療已無反應及末期病患之照顧，它的目的在於協助病患及其家屬獲得更好的生活品質，並協助病人坦然渡過臨終階段，保有生存與死亡尊嚴的理念與作法。換言之，安寧療護並非一種「治療」（cure），而是一種「照護」（care）。它重視的是生命的品質與尊嚴。亦即是讓人以「全人」的身分，走向人生的

---

31 做為一種規範，道德理當必須在生活世界中去實現和示範，但道德如果沒有根源於內在的良心或善性作為行動的依據，單純的僅是依據某種約定俗成的教條（或是由歷史文化沉澱而來的禮數，甚至是依據宗教威權的強制就範）的話，那麼道德無疑的就十分容易僵化成為限制人的框架或枷鎖，像這種狀況不僅使人反感，往往還會因為它的封閉性而逐漸使自己成為徒具形式的教條，成為桎梏人間生機的作手，而因此根本的喪失了道德原有的莊嚴性和正當性。

盡頭。就孟子思想而言，死亡意味著形軀生命的終結，卻並非德性生命的歸零。誠如筆者前文所述，蓋儒家從來就是以平實的態度來接受人會死亡的這個事實，更爲重要的是人如何在道德義理的承擔中，肯認此生在世的意義，證成德性生命的不朽。據此而論，在孟子看來，人的形軀可以保受疾病的摧殘，但人的尊嚴卻可以德性的圓現而長存。所以，儒者不貪生、不畏死，其關懷所在亦即是成己成物而已。此亦爲宋儒張載所言：「存，吾順是；歿，吾寧也」（《正蒙·乾稱》）之精神寫照。

一、安寧療護的起源與發展

在 12 世紀左右的歐洲，「Hospice」原先是指各修道院用以接待長途朝聖者的「休息站」、「中途站」或「驛站」，並將其義衍生爲「照顧受傷與垂死的過路人的院舍」。其義原始於當時人們在朝聖的過程中，往往有不少信徒無法承擔長途跋涉的辛勞而累倒，或水土不服而生病，於是朝聖途中的修道院便成爲提供朝聖者或旅人休息療養、補充食物，以及暫時逗留的中途驛站。時至 19 世紀，歐洲水陸交通日漸便利，過往這種做爲朝聖者中途休息之用的中途站已經失去既有的功能和意義，人們就將「Hospice」轉爲指專門照顧無法治癒病患之醫療機構的代稱。值得一提的是，其照顧的對象隨著歷史演進而有所變化。1879 年，都柏林一位修女瑪麗·艾肯亥（Mary Aitkenhead 1815-?）將其主持的修道院，用來收容癌症末期病人，並用愛心照顧他們，及至 1905 年倫敦另一家修女所辦的聖約瑟臨終關懷機構（St. Joseph's Hospice），亦改爲專門收容癌末病人，給予病人人道之照顧。二者皆秉承基督的博愛精神來照顧病患，但此時尚未提供專精的醫療科技改善病人的症狀處理。世界第一座現代化兼具醫療科技及愛心照顧的「臨

終關懷」組織始於 1967 年英國倫敦的「聖克里斯多福安寧療護醫院」（St. Christopher's Hospice），其創始者是護士、社工兼醫師的桑德絲（Dr. Dame Cicely Saunders）教授。她親自帶領醫療團隊著手進行一連串的癌症疼痛及症狀控制的研究；很快地，大家發現到住在桑德絲醫師主辦的安寧療護醫院的病人，可以將疾病本身及其所引發的其他痛苦相對減低，且病人們也能保有尊嚴地面對死亡。繼此成效之後，「聖克里斯多福安寧療護醫院」的一組醫療人員於 1976 年前往美國康州（Connecticut），協助美國人建立了第一座安寧療護醫院（New Haven Hospice）。[32]從此以降，「聖克利斯多福」模式的安寧療護如雨後春筍般在歐美各國建立，在 1980 年代，隨即擴展至亞洲的日本、新加坡及香港地區。[33]

　　當代安寧療護工作所關注的對象，除了主要是癌症末期病患之外，最近歐美有些國家也開始接收愛滋病患者。安寧療護的觀念和行動現今正逐漸地拓展和進行，雖然在主流醫療主導體系中，它並不能說已經確定了應然和必有的地位，甚至還碰到不少的阻力，但它之得到醫療社工、病患家屬和病人本身的一致肯認則是鐵錚錚的事實。根據趙可式女士的研究可知，「安寧療護」

---

32 根據黃天中先生的研究，若將「安寧療護」視爲這樣一種體制，亦即它專爲臨終病人及其家屬提供生理及心理的照護，使其在臨終前幾個星期或幾個月得以免於肉體的痛苦及心理的恐懼，而善終其人生的最後歲月。那麼關於這樣體制的文獻記載可追溯至紀元前，在柏拉圖的《共和國》一書中，曾提及家庭對於貧苦個人所能產生的安慰及支持，不過臨終關懷真正落實是於西元一世紀前，當時歐洲已有少數爲垂死病人服務的臨終關懷組織。黃天中，《死亡教育概論》，頁 252，台北，業強出版社，1988 年。

33 根據趙可式女士的研究，大約自 1960 年代始，西方歐美國家開始意識到，若給予癌症末期病患太過積極的治療，不但無法延長他的生命，反增加許多痛苦，並由此阻礙了病患平安尊嚴地死亡的可能性。此時社會輿論興起不同的觀點，強調病人有權要求平和尊嚴的死亡，而醫護人員也應該幫助病人達到此目標，於是「安寧療護」應運而生。趙可式，〈安寧療護的起源與發展〉，《北市衛生雙月刊》第 46 期，1999 年 6 月。

（Hospice Care）之所以在 1960 年代以後受到西方社會的重視，可說主要乃是源於以下兩項劃時代的研究：

其一，在 1965 年，由 Glaser 和 Strauss 兩人在其《臨終認知》（*Awareness of Dying*）一書的研究中發現，臨終病人有四種認知：「封閉認知」、[34]「懷疑認知」、[35]「相互僞裝」、[36]、「公開認知」。[37]此項研究發表後，人們認爲，在前三種認知中，臨終病人的親友及醫護人員始終掩蓋病人罹患絕症的事實，將造成生死兩憾。[38]如果在適當的時機開誠佈公公開認知，讓彼此分享這個事實，每一個人都坦誠的表達他的感受、情緒與需要，在這種情況下，病人可能會承擔更多的責任，因爲他要自己作更多的抉擇。病人與家屬都可以好好地利用這一段時間，所以今天的歐美社會中與病

---

34 所謂的「封閉認知」是指，當病人罹患絕症時，已經知道病情的親友與醫護人員卻對病人隱瞞病情，而一直欺騙病人表示他會好起來，亦即是採取隱瞞說謊的態度面對病人。所以讓病人直到過世前，都不能清楚掌握自己的病情，因此也無法妥善安排自己的身後事。

35 所謂的「懷疑認知」是指，當親友和醫護人員向病人表示病況已經無礙，僅需要定時服用藥劑就可痊癒時，病人對自身病況的感受卻與其他人告知的情況並不相同。當病人向醫護人員或家屬詢問時，家人和院方的說詞與態度又常常不同。所以病人會開始對病況產生懷疑。病人就在這種懷疑的過程裡，飽受心理上的煎熬，心中始終有不確定感及矛盾情緒。

36 所謂的「相互僞裝」是指，病人、親友，以及醫護人員都知道病人的病情狀況，可是沒有人願意公佈這個無望的事實，於是大家就相互僞裝演戲，永遠不正視問題。由於互相演戲的結果是每個人都非常孤獨，每個人都孤獨的走人生的路，不能互相分享，講真心話，所以就浪費了這一段最寶貴的時間，病人也沒有辦法表達心願。

37 所謂的「公開認知」是指，雖然並不主張在病人還沒有準備的情況下，倉卒的告知病人病情狀況，以避免讓病人的身心都無法承擔這個事實。但是，在適當的時機則必須要向病人開誠佈公，坦承告知這項事實。在這種情況下，病人可能會承擔更多的責任，因爲他要自己作更多的抉擇。病人與家屬都可以好好地利用這一段時間。然而告知病情與公開認知不可太過魯莽，破懷了病人的希望，使病人產生絕望與被棄感。

38 Glaser, B. & Strauss, A.（1965）. *Awareness of dying*. Chicago: Aldine Publishing Company.

人公開討論其病情的情形日益普遍。

其二，精神科醫師庫布勒‧羅絲（Dr.Elizabeth Kubler-Ross 1926-2004）於 1969 年發表《死亡與瀕死》（*On Death and Dying*）一書，這是一本最早有關臨終病人心理之探討的研究，她訪問超過兩百位絕症病人，當他們知道罹患絕症事實時，心裡有何情緒反應？（此即為知名的五階段反應說：否認、憤怒、討價還價、消沈抑鬱、接受）。[39]Kubler-Ross 的目的在於希望藉由病人自己來向我們訴說，他們需要什麼？他們內心的真實感受及期望，還有需要我們能對他們提供什麼樣的照顧。雖然 1975 年左右，這份研究成果遭到不少批評，批判者指出當我們真正親近臨終病人時，會發現實際情況與 Kubler-Ross 所描述的梯狀反應不符。在現實情境中，病人的情緒是矛盾複雜，千變萬化的。不過，Kubler-Ross 的研究仍具有劃時代的意義，因為她發現，如果病人是在接受的狀況下去世，便可以在臨終前保持心境的平和與安寧，並保持尊嚴的迎向死亡。所以當此研究提出後，也隨之引起歐美社會廣泛的注意與討論。[40]

目前國內學界對「安寧療護」（Hospice Care）的翻譯尚未統

---

39 在《死亡與瀕死》（*On Death and Dying*）一書中，Kubler-Ross 的五階段反應為：（1）否認期-當事人會認為這件事不是真的，感覺像是在夢中一樣；（2）憤怒期-當事人會抱怨老天爺不公平，甚至會將怒氣轉向他人，此時負向的情感會一古腦地發洩出來；（3）討價還價期-有的人會向老天爺祈求該事件沒有發生過，然後他/她會回報老天爺去做義工或是其他有意義的事；（4）消沈抑鬱期-當事人發現使用任何手段都沒辦法使情況回復時，會進一步產生自我無能感，失去對活動的興趣；（5）接受期-處在此一階段的人會漸漸面對事實的真相而開始重新回歸正常的生活。Kubler-Ross, E.（1969）. *On death and dying*. NY: The MacMillan Company.

40 參見：鈕則誠、趙可式、胡文郁編著，《生死學》，頁 119-184，台北，國立空中大學，2001 年。

一，我國衛生署則以「安寧療護」爲正式譯語。[41]但根據世界衛生組織（WHO）對「安寧療護」的定義則爲：

> 對治癒性治療無反應及利益的末期病患之整體積極的照顧。此時給予病人疼痛控制及其他症狀的緩解，以及在家之心理層面、社會層面、及靈性層面之照顧更爲重要。安寧療護的目標是協助病患及其家屬獲得最佳的生活品質。安寧療護的某些方式甚至在病患罹病的早期也可適用；例如抗癌治療與症狀緩解治療同時進行。[42]

扼要言之，所謂「安寧療護」，是提供一套組織化的醫護方案，其內容以提升臨終病患的生命品質爲目標，[43]除注重團隊性整體照護外，並爲臨終病患及其家屬提供緩解性（palliative）及支持性（supportive）之照顧，以幫助那些暫停於人生路途最後一站的人。[44]換言之，「安寧療護」旨在肯定生命的意義，並同時承認死亡乃是人生必經的自然過程。它的主要精神既不在於加速，或是拖延死亡的過程，而是透過醫療團隊協助病患舒緩解除身體

---

41 目前台灣各界對「Hospice Care」的翻譯不盡相同，衛生署以「安寧療護」作爲正式譯語。其它地區之用語如下：「臨終關懷」（中國大陸、台灣佛教界）、「善終服務」（香港、台灣天主教）、「寧養服務」（香港）、「緩和照顧」、「緩解照顧」、「姑息照顧」（Palliative Care）、「緩和照顧病房」（中心）（Palliative Care Unit，簡稱 PCU）、「緩和醫學」（Palliative Medicine）、「支持照顧」（Supportive Care）、「癌病延續性照顧」（Continuing care of cancer treatment）、「完整性症狀治療」（Comprehensive symptom control）。參見：鍾昌宏編著，《癌病末期安寧照顧 —— 簡要理論與實踐》，頁 13，台北，安寧照顧基金會。

42 參見：柏木哲夫原著，曹玉人譯，《用最好的方式向生命揮別：臨終照顧與安寧療護》，頁 94。以及 World Health Organization：Cancer Pain Relief and Palliative Care. Technical Report Series 804. Geneva：WHO, 1990.

43 「安寧療護」的醫療導向是以病患爲中心，以緩解症狀爲主；治療以不具侵犯性及病患之最大利益爲選擇取決點。參見：楊克平，《癌末病患健康相關生活品質內涵之確認》，「行政院國科會 86 年度專題研究計劃」，1998 年。

44 黃天中，《臨終關懷：理論與發展》，頁 2。

上的不適症狀與種種疼痛，同時也替病人心理與心靈層面提出相應的整合性照顧。藉由提供適當的支持系統以協助病患在面臨死亡前的最後一段時光，仍能維持最佳的生活品質，並勇敢積極地生活，另外也儘量協助病患家屬能逐漸適應病患罹病的過程，以及順利地度過哀傷期。

「安寧療護」的實施內涵是以「照護」（care），而非「治療」（cure）為中心。因此，安寧療護的理念是「四全」照顧，即全家、全程、全隊，和全人照顧。首先，所謂「全家照顧」是指，安寧療護不只關心病患，也關心照顧家屬之情緒與感受。由於家屬在陪伴病患末期的過程中，必定如同經歷一場風暴，面臨到難以負荷的挫折與勞苦，所以病患家屬也同樣需要醫療團隊的協助與支持。安寧療護對此所提供的全家照顧，包括家人的諮詢及協助，病人幼年子女的哀慟照顧，以及病人去世之後遺族的哀傷關懷（bereavement care）等。其次，所謂「全程照顧」者，是指照護不是在患者離院就終止，而是涵蓋過世後家屬延續性的哀傷輔導與協助，以幫助家屬度過整個憂傷期。再者所謂「全隊照顧」是指安寧療護注重團隊精神的照顧，它是由一組受過良好訓練的專業人員，包括醫師、護理人員、藥劑師、臨床心理學家、營養師、社工人員、精神科醫師、神職人員、志工等所組成，以醫療團隊運作的方式，共同決定照顧計畫臨終者及家屬。換言之，安寧療護是整合各項醫護專業，共同為病患的問題商量討論，再依各自的專業發揮所長協助病患及家屬。最後，所謂的「全人照顧」是指，由於末期病患的痛苦，不僅僅是由身體的病變所引起，還包含病患的心理、精神與社會層面等等因素。由於病患仍是具有反應的「全人」，同樣具有身體、心理、社會、及靈性各層面的需要。因此，全人照顧即是「滿足臨終病患身、心、靈需求的完整

醫療照顧」。

在台灣地區，安寧療護的推動與建立始於馬偕醫院。1990 年 2 月，淡水馬偕醫院成立台灣第一個安寧病房，為癌症末期病患提供全人、全方位的醫療照顧，同年 12 月，成立「中華民國安寧照護基金會」，又於 1998 年 4 月設立「安寧療護教育示範中心」。1994 年天主教的「康泰醫療教育基金會」也成立「癌症末期照顧組」，同年佛教「蓮花臨終關懷基金會」也正式成立，至此國內各大宗教不約而同地參與安寧療護的推動。1995 年始，行政院衛生署大力主導發展，並訂定名稱為「安寧療護」。1995 年 11 月，「台灣安寧照顧協會」成立，又「台灣安寧緩和醫學學會」於 1999 年 5 月成立。目前已有超過 20 個安寧緩和醫療病房，台灣成為全球第 18 個有安寧緩和醫療的國家。國內安寧療護運動之發展獲得初步的果實。台灣直至 2000 年底，設有安寧病房的醫院共有 20 家（249 床），提供居家安寧療護的醫院則有 29 家。[45]

二、安寧療護的肯定與增進

從前述扼要的說明可知，多數從醫護專業背景探討「安寧療護」的學者已經留意到，對於末期病患而言，更重要的是如何維護生命尊嚴，而非只是盡可能的延長痛苦且效果有限的醫療過程。因此學者在論述的重心上，已經傾向於如何透過醫療資源的整合以提供末期病患更好的生活品質，並將「安寧療護」的實施重心界定成是「照護」而非「治療」。然而，如果面對生命境遇、超克生命苦楚的最終決定者，終究只是生命主體自身，如果一切外在的援助與鼓勵對於切身遭逢疾病折磨的病患都無法給予生命

---

45 行政院衛生署，《安寧緩和醫療關懷手冊》，台北，財團法人佛教蓮花臨終關懷基金會，2000 年。

最終的安頓，那麼除了由醫療團隊從外在提供末期病患及其家屬相關的援助外，是否能讓病患及其家屬由內產生面對生命之苦的自發力量呢？筆者以為，這即是孟子生死慧在「安寧療護」議題上，所能提供的貢獻。換言之，透過孟子生死慧的透見，可以提供病患及其家屬的不是對於疾病痛苦的忽略，而是面對痛苦的勇氣；不是對於生命傷逝的遺忘，而是對於此身曾經存在之意義的肯定。

人是以實存的方式行住坐臥於生活世界之中。所謂「生活世界」，扼要言之，即是我們在日常生活中所迎向的一切人事時地物及其相互交往關係的整體。生活世界肯定為五味雜陳、百態並臨者，且往往不是合情稱理者，此所以在生活世界中常常隨處可見「眾欺寡，強凌弱，天地閉，賢人隱」的不公世情。也正因此，生活世界的不美滿，似乎也僅是人生於世所當遭逢的歷程與磨練而已。若再從西方思維的視角將人視為永遠是有限的存在，則人在生命歷程中的遭逢偶遇、幸與不幸，都只是對生命自身的無盡耗損、至死方休，亦如存在主義學者卡謬（Albert Camus 1913-1960）筆下的薛西弗斯（Sisyphus）一般，只能透過輕視與反叛的態度面對命運的非理性與荒謬（absurd）。同樣的，當末期病患面對自身揮之不去的疾病痛楚時，往往正是對生命自身的有限性體會最為深刻之時。若是無法從這種有限性中超拔而出，則生命之苦亦如荒謬之牆時時橫立於呼吸喘息、嘶吼掙扎之際。這種時刻，病患常常是若非逃匿於各種止痛性的醫藥之中，或是陷溺於怨天尤人的負面情緒裡。

誠如前述各章所揭示，儒家從不否認人是以實存的方式飲食棲息於生活世界之中。但儒家則不純粹是從人之有限性而言人之存在意義，蓋由於儒家本重人的道德主體性，且認為此主體性是

可以與天同德而「範圍天地之化而不過,曲成萬物而不遺」。[46] 正是源於這種對生命的洞見,關於人的死生命限與疾病痛苦等問題,儒家並不從生物學的事實談論人的存在限制,而是將生命的視野拉高,直探人由真實自我的障蔽或負累所產生的悅生惡死之情,並指出人若能夠清除生命中的障蔽而圓現其理想的話,那麼死亡的問題也就在生存的問題中一併消融解決了。換言之,儒家不同於原始佛教講十二緣起以「無明」為首,這般對人生負累的說明,也不似道家中的莊子慨嘆「人之生也固若是芒乎」(《莊子‧齊物論》),這般以消融生命中不可或免的病痛為首出。儒家沒有無明、芒昧等觀念,它是當下肯認人的道德主體性,並期許人人均能自覺地挺立良知主體而充分呈顯它的創造性,以「參贊天地之化育」。惟孟子不僅洞見人的道德主體性(大體),亦同時注意到人之形軀欲求(小體)的存在,由此奠立了儒者探究人之有限性的一個論述焦點。

　　孟子既以小體是生而具有故為命定,且它並非吾人可恣意操奪、為所欲為,故為命限。至於吾人能對小體實際操持節制者,則不外是透過理性之反省與道德之自覺,藉此透顯吾人之良知主體。所以孟子時時警告我們,應該避免小體過度地逐物於外而流於跌宕激越,否則非僅難予統轄導正,甚至會凌越於大體之上障蔽我們生命的真實自我。例如,〈公孫丑上〉即說:

---

46 這可由《中庸‧第一章》即說:「喜怒哀樂之未發謂之中,發而皆中節謂之和。中也者,天下之大本也;和也者,天下之達道也。致中和,天地位焉,萬物育焉。」,以及〈第三十二章〉也說:「唯天下至誠唯能經綸天下之大經,立天下之大本,知天地之化育。夫焉有所倚?肫肫其仁,淵淵其淵,浩浩其天。苟不固聰明聖知達天德者,其孰能知之?」證之。不過,儒家雖重視人之道德主體性,卻必不會以人為捨身棄欲之存在,它還是坦然承認身體依然是人類生命無從棄絕的一部分,且主體或本心亦得藉由感官形軀的活動來呈顯它的意義,此所以儒家屢屢對「命」有十分精闢的論述。

> 夫志，氣之帥也；氣，體之充也。夫志至焉，氣次焉，故
> 曰：「持其志，無暴其氣。」……志壹則動氣，氣壹則動志
> 也。今夫蹶者，趨者，是氣也；而反動其心。

引文中的「志」即是指人的「道德意志」，亦即是吾人生命中的真實主體或孟子所言之「大體」。孟子以此爲我們生命的統轄者（帥）和最高者（至焉）。相較於道德主體即是統轄吾人生命之真實的大體，孟子是將「氣」視爲被統轄的小體。不過，孟子洞見大體與小體之連續性關係，而以「氣」實是與生命俱在並爲生命之活動所不可或缺者，因此孟子名之曰「次焉」和「體之充也」，由此可見志與氣乃是以連續性及縱貫性的方式，將我們的德性生命與形軀生命貫穿爲一。只是若論就生命的真常及價值，則惟是以道德意志爲最高，蓋此乃是使一切身心活動皆能恰如其分、稱理而行的根據，此所以孟子謂「志壹則動氣」，正源於此氣已然爲道德所馴化，並隨之配義與道而爲吾人直養之。所以能至大至剛而成爲「浩然之氣」，相對地說，若是「氣壹則動志」則是將道德意志的主導性讓位於氣，這種「放失本心」的行爲勢將造成真實生命意義的障蔽迷亂，終使個人陷溺於生活世界的慾望競逐與煩惱苦楚中而無法自拔。據之，若想使生命超拔於生活世界之種種痛苦迷亂，斷不能僅從形而下的感官形軀著手根治；凡藉由藥劑或是其餘的方式給予人在生理或心理上的慰藉，均只能短暫的轉移個人的視野而無法使人從生命的障蔽空虛中重獲生命主體的自主自由。因此，我們毫無選擇地，唯有必須透過生命理想的實踐，使吾人自發的扭轉生命沉淪，這正端賴於孔孟「操則存，舍則亡」的明訓才是我們唯一的解套，蓋誠如杜維明先生前之所云者，這是內在之治療和培育的方法。

儒家是以道德理性的顯揚爲價值創造之根據，以極成參贊天

地化育之理想爲生命真實的存在意義。儒家是要在當下的生活世
界中做「志於道，據於德，依於仁，游於藝」(〈述而〉)的人生實
踐，實踐之同時亦即人文化成之，其光釆是天下文明、王道蕩蕩。
儒者之所以有此強烈的人文性格，就在於對生命的尊重。值得注
意的是，儒家重視道德主體的挺立卻不抹煞形軀生命的地位，端
在於儒家對生命的關懷從不否認人人皆具有其命限命定的氣性感
性，而是更強調道德主體對於感性形軀的主導地位，以及如何透
過我們良知善性的存養透顯，進而參贊天地之化育與天同德爲
一。孟子曾說這即是盡心知性以知天的事，若天之可知就惟賴我
們能夠盡心以知性，若盡心總不外乎是在「操則存，舍則亡」的
張力下步步證成的話，那麼人的有限性即在人的道德實踐中得以
消融超拔，生命的悲痛傷逝亦得以在生存意義的實現中獲得安
頓，此所以說人是雖有限而可無限的存在了。

第六章　結　論

一

　　人的一生儘管有富貴貧賤、利達窮困、壽考折夭的不同遭遇，但到最後還是註定死亡，就此而言，人乃是「向死」的存在。不過人亦莫不在有生之年即能了悟到自己終將有死，也因此對其一生的意義和目的，通常都有深淺不一的反思和探討，甚至還會對死亡的問題、死後的世界以及超越生死之永恆存在者如上帝或是天理等，試圖搜索其奧蘊、體貼其義境，以爲自己的安身立命之道。由此來看，人其實不只是「向死」的存在而已，他當下也是「知死」的存在，更是不願宿命地被死亡所擺佈之「向神」、「向道」的莊嚴存在。人的一生其實即是在書寫一部生死的大書，無論是生的理想或死的意義，都是我們在感同身受中證悟得來的心得，它誠然是生命中最具體、最偉大的學問，而且是最貼切於生命之尊嚴而富有啓發性價值的根源性學問。

　　又假如人一生的生命歷程，就是在用他的歲月年華來書寫生之理想與死之意義的話，那麼籠統地說，任何一個人都應該是生死學的理論建構者和實踐詮釋者才對。然而事實上就大多數的人而言，他對自己的建構和詮釋卻往往是習焉而不察甚至常常是非自覺或不自覺的，何況人與人之間觀念想法之不同，乃猶如其各有自己的面貌長相者，因此當他們表現在意義的實現和探究上，亦必然會有種種千姿百態的建構和詮釋，且其得失長短之間，亦

將不可或免地出現先知後覺之區分者，職是之故，綜合眾多有心人士的智慧，認真歸納出一個共同的核心課題和合理的思考模式，然後特別針對人皆有之的生死情境予以深切地理論墾拓，並系統地建立應有之思想架構和學科本位，俾做為大家在究生論死以及期求自己能夠存順歿寧時的借鏡與資糧，無乃是可能的，同時是必要的，凡此亦即生死學的存在意義和研究價值。

二

　　當代學人之中，對於現代生死學和生死智慧的真誠關切，並以積極和原創式的參與以營造其理論建構的，莫過於傅偉勳先生，且就實際地觀察，今天台灣不論是在討論生命教育、醫護倫理、安寧療護、死亡教育、悲傷輔導、情緒管理或精神治療，都不免要和傅先生所構思的生死學相對話，可見其影響的深入和普遍，本書之研究生死學而特以傅先生所構思的課題為鋪述的設計和格局，即是對於奠基者的相信與肯定也。

　　傅先生曾經指出，現代生死學和生死智慧的最終性格是以心性體認為本位者，又說在這個議題上孟子的思想中確實具有頗多值得闡述的觀念的存在，可惜傅先生雖然如是地肯定孟子的智慧，卻無暇對孟子義理的詮釋多贊一言，筆者不敏，乃願意接受傅先生的啟示而對孟子多所用心，所以才選定這個題材做深入的嘗試，當然這和筆者素來對於儒家思想的嚮往和肯定自有絕大的關係。

　　本書以《孟子思想的生死學議題》為名，它是在筆者學位論文《孟子生死慧之研究》的基礎上，兼顧質的提昇和量的擴大等兩個原則下，所進一步發揮完成的。顯然居於這個背景，「生死慧」仍一貫地成為本書的核心觀念和論述焦點。扼要言之，生死慧和

生死學的差別，就是理論與實踐在階段上的不同訴求。過去在《孟子生死慧之研究》一文中，筆者篤力探討的是如何透過理論化的分析與建構，而能將屬於實踐層面的孟子生死智慧客觀化爲一門可供學術研究與檢證的理論知識。換句話說，其文是採取知識的進路而全然將「孟子生死慧」外在化以成爲可探討的一種理論而已。因此，其文論述重心在於呈顯「孟子生死慧」的普遍有效性，而非關懷任一個人對孟子生死智慧的主觀體會與感受。至於在本書中，筆者固然依樣採取客觀理解的研究態度，但不再像《孟子生死慧之研究》那樣，僅是「當謂」地將「孟子生死慧」詮釋成爲具有生死學義涵之客觀有效的系統知識，而更是進入「創謂」的層次，致力在孟子生死慧研究的既有基礎上，探討孟子思想對當代生死議題所能提供的反省與回應之道，以期經由儒學的視角重新檢視在當代生死學議題的相關研究中所可能忽略、遺漏或是無法觸及的片段，並加以補足。

　　本書既然是以《孟子思想的生死學議題》爲研究的課題，所以在材料範圍上自當包含孟子思想以及生死學兩個領域。關於後者，本書在大方向上乃以傅偉勳先生的見解爲考慮的標準，至於前者則是以當代新儒學的主張做依據，尤其是牟宗三先生、唐君毅先生、徐復觀先生及其出色弟子們的學說和著作，更爲筆者所折服而多所援引。除此之外，孟子本人的著作，自當不能或缺，本書則選擇古今所流行的《孟子》七篇爲最主要的標的，至於文獻中另外存在著《孟子》外四篇，但它或已經被清代學人考證爲僞作，或是僅僅爲斷簡殘篇而不成體段，所以在本書中一概不取。再者，在研究的方法上，筆者乃承認牟先生所說之文字、邏輯和洞見是一個有效作品的必備條件，且相信若要達成這個目的，務當以傅偉勳先生所主張的「創造性詮釋」最有效率也最具體可行，

當然在整體的應用上，筆者亦不敢疏忽思想史和文獻學等研究工夫的運作。

　　傅先生所提出的「創造性詮釋」，從淺到深依序蓋有實謂、意謂、蘊謂、當謂和創謂等五個層次，筆者希望本論文的提出，既不違背實謂、意謂的要求而可以清楚地交代，孟子事實上說了什麼以及他說的意義是什麼，也能夠有效地合乎蘊謂的標準，將孟子的言外之意和在生死學課題下他應有的發言幫他說出來，至於是否已經初步做到依據孟子思想的立場，積極地向現代生死學的理論建構提供新的參考、開發新的視域，則是筆者所不敢自負和妄議，但又期待師友之不吝提攜拉拔者。

三

　　傅偉勳先生先後在當今中國哲學的研究重心和現代生死學與生死智慧的建構等討論上，提出內容相似之十大課題的主張，兩者間的唯一差別是第九個課題在前者被稱之為「生死解脫」，後者則是「終極關懷」。筆者以為「生死解脫」終究還是「終極關懷」所關懷的重點，但用「終極關懷」之名反而更能凸顯人之存在既是「向死」又是「向神」或「向道」的事實，所以後者較之前者為佳。又傅先生的十大課題，據他所描述，當以第八層的實存主體、第九層的終極關懷和第十層的終極真實為現代生死學和生死智慧之建構的主要重點，因此當筆者正式論述孟子的生死智慧時，即以此為根據，並首先研究它的實存主體。

　　「實存主體」一名蓋包含「實存」和「主體」兩義。傅先生所謂的實存其實是沿襲西方現代之實存哲學而來，換言之，此實存本是對照著非實存而說，亦即是對照著生命的被對象化與外在化而說。實存的觀念乃反西方主流傳統的實存主義哲學家所熱衷

者，這些哲學家因為不滿於西方哲學素來之將人只當做是抽象理解下之共相，而忽略了生命本身的不可取代性，因此他們強力要求人人務必以個別的、當下的、具體的態度來貞定自己，並認為惟有這樣才有辦法發現真正存在的自己，根據此義，個別的、當下的、具體的等等意思，也就是實存所不可缺少的核心觀念。

主體則是就真正的自己來說，它既不單單是心理學視野下的自我，亦非在主客二元對立的格局下，當面對非我或者主宰非我時所呈現之自我。嚴格來講，主體之做為真正的自己，乃是具有主動性、創造性、自由性和自覺性，並由此而凸顯它之做為生命本質而有其特殊的地位，職是之故，主體雖然不必然要離開人的情緒、本能和欲望以求踐履篤實，但它卻是情緒、本能和欲望的主宰者。綜合以上對主體的兩方面描述，我們不難發現，主體乃是具有現實義和真實義者，如果這個主體是實存的話，那麼它更應該是如此。

又西方哲學的主流自是以認知主體或思維我為典要，今既知實存主體乃是這種主流的反動，那麼它就應當以重實踐的情意我或德行我為大宗，如果從儒家的義理來衡量，自然以後者為是，此德行我之做為實存主體之一，其實就是我們所以能夠純亦不已地做出道德判斷和道德行為的主觀依據，牟宗三先生常形容它為道德主體，筆者亦欣然同意這種稱呼。從思想史來看，儒家的道德主體無疑是在孟子的心性論中得到最大的貞定。孟子面對傳統「生之謂性」的見解而獨標新義，他特藉由性命之對揚而獨出新義，以肯定人之當有其異於禽獸的幾希處，然後就此幾希之處來確認人性的所以然以及判定它是本然之良善者，此自是孟子創闢心靈之高明而為人所不及者，然而此亦不外乎接續孔子之「攝禮歸義」、「攝義歸仁」的智慧以及由心之安與不安說人之仁與不仁

的啟示而來，所以孟子除了道性善而言必稱堯舜外，也常常以惻隱、羞惡、辭讓和是非等四端的先驗內在，說明人心全然是道德的。

心、性若就概念的內容或外延來看，或許是不等同的，而且如果以分解的態度做考察，心性自有不同的區分：心是就人的感通、覺知說，性是就人的本質、意義說，感通與覺知是主觀的，並且具有活動義，本質和意義則是客觀的而偏於存在義，所以兩者亦自有其分際。但是我們卻常常發現，當孟子在論證人性的本善時，每每是就人皆有其先驗內在的善心來發議論，牟宗三先生形容孟子的這種態度是「即心善以說性善」的表達方式，並說它的合理性即是建立在「心性一如」的體認上，牟先生更因此而定義孟子的仁心善性乃是「即存有即活動，即活動即存有」的寂感真幾，同時又指出孟子的仁心善性究其實即是人的道德主體。

道德主體當然就是我們在生活世界中不斷地做道德實踐的內在根據，就此而言心性自有當下之現實義；此外儒家言道德並不設限在人類社群，亦非僅止於世俗的人間，而是要通達於天地人我以及普潤乎古往今來者，換句話說，道德是徹上徹下的，也是徹裏徹外的，道德的實踐即是法體的永久呈露。若道德的實踐苟真是如此地任重道遠又如此的神聖莊嚴的話，那麼心性之具有超越的意義而能通向絕對的真實也就理所當然了。

四

實存主體的說明與探究，是為了確認孟子生死智慧的主觀根據，並為其一切意義的批露，先行奠定穩固的基礎，由此而後可以續論實存主體的終極關懷。從生死學的角度來看，終極關懷所特別在意的是人的生死解脫問題，更具體地講，是人的存在價值

以及面對死亡時的心靈慰藉和精神昇華的問題，而對此問題的回應態度和回應內容之所以具有終極的意義，乃是因為它所涉及的是絕對真實之超越存有者，古人嘗言「對越在天」，蓋亦類於此。

終極關懷的態度與努力，應當是和人類之做為「向神」或「向道」的存在同時俱存的，不過終極關懷一詞在當代卻是原籍德國的美國神學家田立克所最先提出者，因此本文〈第三章〉在討論孟子生死慧的終極關懷時，還是先從田立克的意見講起。田立克以他的神學背景，當然會把人的終極關懷定義為人之自覺為「向神」的存在並因為有此之覺醒而願意謙卑虔誠又百死不悔地接受神或上帝的指引與救贖，這就是所謂「信仰的動力」。

相較於田立克之立場，儒家自是主張人為道德的存在者，由此則產生一可討論的議題，那就是儒學是否是宗教以及儒家是否具有終極之關懷等。若筆者則承認牟宗三先生之以儒學乃是「道德的宗教」最能正面答覆這個問題。蓋依牟先生的義理，儒家所肯定的道德主體原本就是具無限之理想和無限的承當者，所以凡是真正的儒者，莫不誠懇地面對天地人我，並求一切皆能歸諸於仁心大願的潤澤、遍運者，儒家講的道德乃是如此地具有參贊天地之化育的絕對性格，它的含弘用廣而比起一般的宗教是有過之而無不及，因此儒家縱使不以人之「向神」為德行之然，卻另闢蹊徑地告訴我們人心「向道」也是純亦不已的。儒家不但是用道德來定義超越者的真實性，並且肯定人之以其道德的本心即能對此超越的絕對真實虔誠地心生嚮往，則其終極的關懷又何遑多讓於「向神」者也。

儒家之做為道德的宗教，當然迥然不同於制度化的剛性宗教，因為它除了不以人格神為超越的真實之外，儒家亦不具備帶權威性的儀式和戒律，更缺乏皈依或受洗的生命禮儀，凡此皆不

免讓人懷疑，儒家的教化作用是否有其必然的規範性？筆者基本上同意儒家的性格只能勉強當做是柔性的宗教，因此它並不具備宗教的權威，復沒有外在的金科玉律做約束，所以它有相對的無力感。然而筆者也願意指出：儒家雖然沒有宗教化戒律，卻有日常生活中的倫理；雖然沒有僧侶階級來執行天人交往的儀式，卻有依據禮法而在宗廟或祠堂中進行之祭天、祭祖和祭聖賢的傳統；凡此在提撕人性、振奮人心上亦當有其實質的力量才對。

　　除上之外，筆者更要強調，宗教的戒律和儀式都不免是超世俗的，剛性的宗教家甚至是希望人人都能凌駕於世俗、拋棄於世俗，以求竣極於天而歸化乎宗教的神聖中者，儒家卻不必如此。儒家是在生活世界中講盡心知性知天，亦是在倫常日用間體認神化不測之妙，它狀似「衝天勁」不足，卻是完全了然天地人我本是相通，所以儒者十分確信，一個人立足在世間，如果能夠反身而誠、強恕而行的話，那麼當下即可遙契於超越的真實，且當我們能以「祭如在，祭神如神在」的真誠去面對天地、面對祖先、面對聖賢的時候，亦當下可以感受到個人的生命終究是和宇宙的生命、家族的生命以及歷史文化的生命相感相通、永遠存在，所以生前是堅忍弘毅、任重道遠，臨死之時則有「爾今爾後，吾知免夫」的坦蕩，此既不必期待救贖，亦毋庸求捨離解脫也。

　　復次，剛性的宗教向來認為，人是在信仰的動力下表現為「向神」的努力，此無異凸顯了人的有限性問題。人的這個有限性，宗教家以為即是人之所以需要被救贖或得解脫的原因，同時它也是為什麼人是需要靠宗教的力量才能獲得救贖或解脫的理由。其實人的有限性問題，在儒家中也是一樣地被重視。蓋儒家從來就是以平實的態度來接受人會死亡的這個事實，然而更重要的是，儒家對於生命中負面的成素尤其戒慎恐懼。以孟子思想而言，孟

子固然以人的道德心性爲生命的主體，但孟子又強調此主體相對於一個完整的生命來說，應該是具主宰性和創造性的大體，在大體之外則還有小體的存在；孟子又曾以志和氣來說明大體、小體及其關係，依孟子之義，志、氣是會相互牽動，所以我們要「持其志，勿暴其氣」，但無論如何還是「志，壹焉；氣，次焉」，至於一個偉大的道德人格則是心不爲氣之所動、又能直養之使其氣爲至大至剛之浩然者，這亦即是後來宋明儒所說「以理帥氣」或「以義立命」的道理。

又「以理帥氣」或「以義立命」都是在超越的區分下進行的，它另外還可以有一個更深的進程，那就是義命圓融地講「即命顯義」。當我們能夠體認到「即命顯義」的真諦，此時人的有限性不特只是消極的被治而已，它反而是成全我們德行人格的質料因而具有積極的意義。儒家蓋如是地看待人的有限性問題，所以它比起剛性宗教的態度，顯然更具有一番人文主義的精神，因此儒家一方面不能不對世道的艱辛而動容，另一方面則又興發無窮的願力以擔綱俗世人間的重責大任，有時雖捨身取義亦在所不惜，並以爲凡此才是知死生存亡之道。像儒家這種不離人文以言超越的道德宗教，其神、人之間不言超絕對立而主進拓昇華，其將終極關懷即同時視爲現實之關懷，凡此無乃都是值得我們重視和肯定的。

五

人之做爲「向死」又同時是「向神」或「向道」的存在，這種雙重性格正顯示了人有其無可奈何的限制，包括生命的有限以及無始時來的芒昧，但也表明了人是不能安於此有限而願意突破之以創造其意義的偉大，凡此在本書論「實存主體」和「終極關

懷」時都有明確的論述。又假如「實存主體」和「終極關懷」是分別從人的主觀根據和具體努力來展現他的生死大書的話，那麼「終極的真實」無疑就是這部偉大著作的完美結尾，沒有了「終極真實」，實存主體勢將掛空，終極關懷也泛然如離繫之舟，傅先生之所以在現代生死學與生死智慧的建構上必須列它進來，並且將它放在整體理論的最頂端，道理就在這裏，本書即根據這個意思而專章討論之，並以為它亦是孟子生死學的最終旨趣。

「終極真實」的探討應該包含兩個重點：一是神、上帝或天道的理解，二是人對此終極真實的體悟，亦即神、上帝或天道的見證，凡〈第四章〉之內容亦據此而依序展開。首先為了明白孟子天概念的形成，本文即以陳來先生所說之「思想史前史」的方式，根據儒家最古老經典之一的《尚書》來探討古代思想中的帝、天等概念。筆者十分清楚，《尚書》雖然不乏虞夏時代的記載，但它其實是周代以後的作品，甚至有些篇章還晚到戰國時代才被寫成，因此若想依靠它來重建歷史的真相不但不可能，而且是十分危險的，好在我們的目的並非在此，而是想要釐清孟子天概念的所由來及其演變、發展的軌跡，換句話說，我們所要追究的是該觀念到底如何被儒者所決定並繼承與發揚之，徇非為了尋找歷史情境所規約下之客觀的面貌，所以依據《尚書》絕對是合理的。

筆者仔細對比《尚書》中有關帝、天和上帝在不同時代中的使用情形，又根據文獻學的方法，考察天和帝的原始意義，結果發現原始的天概念確實是以至上神為主要的意思，帝則是由氏族始祖的本義而引申為人間英明的統治者，如虞夏書中之稱堯舜為帝，即是典型的例子；此外，天因為向來即被當成人格神，所以就擁有絕大的權威，由此亦自然形成「天命」的思想，帝則由原來之氏族始祖義而被借指為理想的統治者如堯舜之後，又再被神

格化而用以形容天上的至尊神靈，這個發展當然和「王」的普遍使用有著直接的關係。

　　天、帝、王、上帝等名稱蓋有諸如此類的因革發展者，筆者乃發現，天及天命雖然相對於人而有其權威性，但是天和人之間卻非絕對閡隔者，尤其是堯舜本不具有氏族始祖的身分，竟然因為實現了高明的德行而可以被稱之為帝，且天亦同樣可以稱做帝或上帝，不啻說明了德行是人神相通的本質，更是貫通天人最有效的原因，天命的絕對威權也就在這種重德觀念的衝擊下，相對地被淡化，凡此即開啓殷周之際之宗教人文轉化的契機。

　　對於殷周之際宗教的人文轉化，筆者除了依據思想史考察的心得，主張《尚書》中「天討有罪，天命有德」所凸顯之重德的觀念，乃是一個相當重要的契機之外，並且根據徐復觀先生對周初人文精神之躍動的描述，對所謂的「憂患意識」做了進一步的解析。筆者指出，此「憂患意識」原本是基於「天命靡常」的恐動心理而圍繞在王權得失的反省下被提出的，它雖然意識到「疾敬德」的重要，卻始終和外在的批評以及民心的向背息息相關，尚達不到內在心靈的覺悟，亦始終是對於天命非常在乎，並對至上天神充滿敬畏感者，所以它距離孔子所謂「我欲仁，斯仁至矣」以及孟子「人皆有貴於己者」之自由、尊貴的道德意識，還有一段距離，但它對孔子、孟子的啓發和影響則是毫無疑問的，因為無論是在《論語》或是《孟子》中，並不缺乏類似的感受而表現為「超越之遙契」的篇章記錄。另外，關於儒家道德形上學的徹底完成，亦即天概念之由人格神的意味而完全被轉化成為兼具存有義與價值義的天道理體，筆者則同意牟宗三先生的意見，而以《中庸》和《易傳》為最後的典型，換句話說，筆者儘管同意孟子講的盡心知性知天以及誠者天之道、思誠者人之道，**諸如此類**

等莫不都是通向於《中庸》之內在的遙契，而確定成為開啟儒家「誠的存有論」的重大關鍵，但孟子畢竟還不到《中庸》之瓜熟蒂落的時候。

討論終極的真實除了必須清楚說明「向神」中的神和「向道」中的道外，也要將人的真實見證做出交代，此即是本章所以要呈現聖人的境界以及表述生命之不朽的緣由。聖人的境界可由生命在時間的歷程中，不斷地提升和展現而一一加以說明，亦可以從進德修業的前後秩序來遞進批露，本書為了彰顯此中不同的方式與特性，乃藉《論語》孔子「吾十有五而志於學」章來說明前者，復以《孟子》「可欲之謂善」章來描述後者，最後所得到之相同結論是，儒家乃是將內在的德行、客觀的功業和絕對的真實視為整全之統一，並視此三者皆具有發展和結構之連續性者，所以聖人的境界即是充其極朗現自我的道德心性，繼而對於歷史文化、人類前途能自覺承當，並終日乾乾地求其生命人格的竣極於天以體現絕對之真實者。

最後筆者特由不朽的觀念來解釋儒家對於生死議題的究竟看法。筆者以為孔孟皆不必依靠救贖或解脫來成就生死之道，因為他們同樣可以在薪火的永不止息以及香火的長相傳遞中，發現存在的永續性。其中主要的義理，從哲學說，是由於儒家乃是以其整全性的存在思維，將生命置放在天地人我的和諧關係中，因此分位和時序的意義可以取代時間和空間的概念，凡時空的有限性以及有限時空與無限時空的對舉，亦因此而歸於無，凡一個人的生死轉變，從此成了在生命的相續之流和萬物連續之網中的隱顯、生化、陰陽、幽明而已；從生活世界的活動說，則是經由祭祀的進行，我們證實自己終將與過去之祖先、未來之子孫在血緣親情上一脈相遞，也在人文化成的道業皇皇上，和歷代聖賢及後

起之秀心心相印。唐君毅先生曾對三祭之大義以及生命的通幽明
兩境，做出精闢的詮釋，他對生死的開示蓋亦有如此義，若筆者
則誠心接納並響往之也。

六

若研究孟子思想的價值與意義不當僅是停留在哲學史的回
顧與緬懷上，則探討孟子思想的現代意義即是吾人責無旁貸的義
務與使命。然而，若要彰顯孟子思想的現代意義，顯然不能僅透
過對《孟子》文獻的章句分析中就能夠獲得令人滿意的結果，因
為現代意義的彰顯必當貼緊時代所關懷的議題，同時也透過時代
所關懷的議題可以檢視傳統思想是否經得起時間的考驗，過往賢
達的智慧是否能應用於當代而依然洞見甚明。也因此本書乃透過
孟子生死慧針對生命教育、情緒管理，以及安寧療護等三個當代
社會所面臨的重要議題提出反省與回應，並藉此彰顯孟子思想的
現代意義。

「生命教育」是當前國內教育工作的重點訴求，也是近年來
廣為學界所探討的議題，它從 1997 年起由當時的台灣省政府教育
廳開始規劃，到如今教育部還是繼續在推動。然而，儘管「生命
教育」由發皇之初的百家爭鳴，以及歷經數年來學者專家與站在
教育第一線的教育工作者們的無數討論和實驗之後，而至如今已
經完成階段性的準備而將邁入具體落實的進程，但是令人遺憾的
是這些年來圍繞在「生命教育」議題的相關研究成果，除了以佛
學為主導的論述以外，幾乎不見其他長久蘊含於華族文化中且影
響深遠的傳統思想，成為當前政府與民間在討論生命教育議題時
所援引與關懷的學術基礎，做為華族思想主流的儒學也難逃如此
的命運，這不管是主導單位的一時不察，或是當代儒家學者的疏

忽，但終究是以教育作為實踐經世濟民之理想的儒家學者們的共同缺憾，同時也是所有莘莘學子的不幸，凡此皆為筆者所不樂見者，因此在本書〈第五章〉的〈第一節〉做了應有的探問和查索，希望藉此能夠喚醒大家對這個問題的重視，也同時驗證了孟子思想的現代意義。

儒家思想本是中華文化歷經兩千餘年所激盪沉澱的共同精神產物，以它做為國人生命教育的理論依據，就民族和文化的熟悉性而言，無乃是最貼近的。不但如此，儒家既不似主張「多元知能論」者在理論之初即已然先行將生命扁平化，並且執意採取價值中立卻相對的導致在教學活動中缺乏建立價值決斷的偏頗，儒家教育觀亦無「全人教育說」所隱含的特殊宗教意圖，正因如此以儒家思想作為生命教育的學理依據原本就比這兩種理論更為適合，更何況儒家思想還有更優於對方的觀念理趣。儒家的優越理趣，本書特別以孟子思想為核心，從兩方面論述孟子生死慧在當代生命教育議題上的重要特色與可能貢獻。其一，就生命主體的發現與肯認而言，生命教育首重人對於自我的認識與肯定。此由於人若是不能認識自我的生命主體，則人生的存在意義不明，而人若是不能肯認自身的生命意義，也難以關懷其他的生命。所以，生命教育首當教導學子認識自我、肯定自我。孟子揭舉人之本心善性作為人之所以為人的生命真實自我，並表示人當透過真實自我的獲得肯定，然後才能知性知天、由仁義行，最後實現美滿的人生，是以孟子之學即在時時鼓勵我等，必先挺立道德主體以為一切人間價值理想的實現做準備。其二，就整體生命的感通與關照而言，生命教育中所範圍的生命，不只是以人類為中心的每一存在個體而已，它還包括天地之間的所有生命，換句話說，生命教育所要教導學生的不僅是珍惜自己的生命、尊重自己的生

命、善盡自己的生命和豐富自己的生命，同時更要提醒學生，必須用相同的態度去面對其他一切的生命。如此的生命教育，自然是以一套整全性的思維作為整個教育理念的基石，並且是期待每一個真實肯認生命主體的人，都能夠以全體自然為其實踐的場域，且面對所有的天地萬物保持著感應和靈通。生命教育所含蘊的這種理念與關懷，正與孟子所言：「萬物皆備於我矣，反身而誠，樂莫大焉。」（〈盡心上〉）的仁者胸襟不謀而合。這是由於感通是一種開放，也是一種成長，更是一種豐富的自我成就。存在的感通當然本質上是道德的活動，此道德的活動若可通向於宇宙的真際，則可見儒者對充塞天地之道德秩序的體現。換言之，孟子所謂：「盡心知性知天」，不僅是對宇宙秩序的洞見，而且正是教人在道德義理承擔之當下即是對生命的整全重視。這也意味著，生命教育理當是將理想落實於現實人間，讓每一個關懷生命的人，都能在具體的生活世界中，成就自己，也成就別人。諸如此類，莫不都是生命教育所不得不正視的寶貴義理。

又「情緒管理」是近年來頗受各界關懷的議題。儘管情意問題是人類生命歷程中最為本己的問題，同時每一個體的情意發展也成為形構人之生命意義的關鍵之一。但是國內對於情意問題的高度重視，則是緣於世界風潮的引領，亦即受到丹尼爾‧高曼於1995 年所發表《EQ》一書的影響。然而，對於「情緒智力」的強調與重視能否真正直探情意問題的核心？以腦部的構成與演化、神經的分布與作用來解釋人的道德活動、情感及人格的統一，是否真能成功？在本書〈第五章〉的〈第二節〉中，均曾經提出反證。不過儘管《EQ》一書所提出的研究方式與研究成果並不能使我們全然信服，但是它所提出的問題以及提問所及的影響，卻是不容我們忽視的。因此，本書復透過孟子思想以提出儒家實踐

智慧在情意問題上的可能貢獻。

　　筆者以為，儒家思想作為一種生命的學問與實踐的智慧，其價值與意義正是對生命的安立提出具體的心得，以做為人們的安身立命之道，而表現在對人類情意問題的主張上，則是重視透過「成德之教」的養成教化，以使人在情意問題上能依乎實踐智慧，由此充其極以圓現人之生命理想，進而達到「發乎情，止乎禮，而不亂於性」的境界。換言之，儒家將誠意、正心之教作為引領我們情緒節度之道，而在實踐的場域上以個人的日常生活為起點，先講求家庭的和睦與倫常的確立，進而推廣擴充於社會層面的人際互動中，依此使個體在人際的相處中皆能舉止合宜、應對有度，以成就群體生活的和諧。所以，儒家對於情意問題的洞見正在於唯有透過修養工夫方能使個人能自覺地依照道德的內在本性以節制情感的莽撞衝動，由此促進人與他人共同生活的整體和諧。

　　復次，「安寧療護」是由近代西方世界引入的一種主張，其主要意義在於對治癒性治療已無反應及末期病患之照顧，其目的在於協助病患及其家屬獲得更好的生活品質，並協助病人坦然渡過臨終階段，保有生存與死亡尊嚴的理念與作法。由於「死亡」是人類最根本的共通性，對於如何面對死亡，尤其是以什麼樣的態度接受死亡這一當然的現實，則是古今中外哲人共通的關懷。安寧療護正式在此一關懷之下，特別指向探討末期病患應如何以「全人」的身分，走向人生的盡頭。換言之，其所關懷的是生命的品質與尊嚴，而非一種「治療」的技術。

　　就孟子思想而言，死亡意味著形軀生命的終結，卻並非德性生命的歸零，人的形軀可以保受疾病的摧殘，但人的尊嚴卻可以德性的圓現而長存。所以，儒者不貪生、不畏死，其關懷所在亦

即是成己成物而已。誠然如此,則孟子生死慧的洞見,正在於提供病患及其家屬的不是對於疾病痛苦的忽略,而是面對痛苦的勇氣;不是對於生命傷逝的遺忘,而是對於此身曾經存在之意義的肯定。換言之,對於疾病與死亡的議題,儒家並不從生物學的事實談論人之生老病死等等本然的存在限制,而是將生命的視野拉高,直探人由真實自我的障蔽或負累所產生的悅生惡死之情,並指出人若能夠清除生命中的障蔽而圓現其理想的話,那麼死亡的問題也就在生存的問題中一併消融解決了。因此,若說當代在「安寧療護」議題上仍多是從技術面強調病患本身痛楚的減少以及對於病患家屬的悲傷輔導時,孟子思想在此一議題的貢獻則在於使人透過道德自我的挺立,由自身存在的內在根源,獲取坦然面對死亡的勇氣,而人的有限性亦在人的道德實踐中得以消融超拔,生命的悲痛傷逝亦得以在生存意義的實現中獲得適時的安頓。

七

　　儒家思想是中華文化的主流,它不但滋養了華夏子民的心靈,也孕育了炎黃子孫的宇宙觀、世界觀、價值觀、倫理觀、生命觀、死亡觀和宗教觀,同時亦浸假成為人類思想的共同寶庫,而孟子在儒家中的地位乃高居亞聖之尊,所以他的思想自有其高明之處而不可被磨滅,如今筆者以現代生死學的角度做新的探索與詮釋,同樣發現不論是就生死學的理論或者就切身的生死智慧來說,孟子的思想還是充滿著精闢的見解,並永遠有它的苦口婆心,也永遠有它的特殊貢獻,然而筆者在本書中對相關議題的研究,終究只是初步的階段,疏略和不足絕對難予避免,惟衷心期待學界前輩、士林師友能夠不吝鞭策教正,俾讓筆者可以再有繼續進步的機會,是為最大的榮幸與感謝。

參考書目〈限文中徵引者〉：

壹、古典文獻

（略依年代順序排列，先秦以前著作不列作者名）

《易經》、《詩經》、《書經》、《論語》、《左傳》、《老子》、《荀子》、《孟子》、《莊子》、《大學》、《中庸》、戴　聖（編）《禮記》、司馬遷《史記》、班　固《漢書》、許　慎《說文解字》、趙　岐《孟子注》、應　劭《風俗通》、韓　愈《韓昌黎文集》、晁公武《郡齋讀書志》、張　載《正蒙》、朱　熹《四書集註》、陸九淵《象山全集》、王守仁《王陽明全集》、陳士元《孟子雜記》、林慎思《續孟子》、王船山《四書訓義》、周廣業《孟子四考》、段玉裁《說文解字注》。

貳、當代專著

（依姓氏筆劃順序，合著則列於後）

方東美《方東美演講集》，台北，黎明文化事業股份有限公司，1980年。

王邦雄/等《孟子義理疏解》，台北，鵝湖出版社，1979年。

王邦雄/等《中國哲學史》，台北，國立空中大學，1998年。

王其俊《亞聖智慧——孟子新詮》，山東，山東人民出版社，1996
　年。

牟宗三《中國哲學十九講》，台北，台灣學生書局，1983 年。

牟宗三《中國哲學的特質》，台北，台灣學生書局，1963 年。

牟宗三《心體與性體》第一冊，台北，正中書局，1968 年。

牟宗三《四因說演講錄》，台北，鵝湖出版社，1997 年。

牟宗三《生命的學問》，台北，三民書局，1968 年。

牟宗三《圓善論》，台北，台灣學生書局，1985 年。

牟宗三《道德的理想主義》，台北，台灣學生書局，1978 年。

何福田《生命教育論叢》，台南，國立台南師院，2001 年。

李　杜《儒學與儒教論》，台北，藍燈文化事業股份有限公司，1998
　年。

李瑞全《當代新儒學之哲學開拓》，台北，文津出版社，1993 年。

李建興《尚書學述（上）》，台北，東大圖書公司，1994 年。

杜維明《人性與自我修養》，台北，東大圖書公司，1992 年。

杜維明《東亞價值與多元現代性》，北京，中國社會科學出版社，
　2001 年。

杜維明《儒家思想——以創造轉化爲自我認同》，台北，東大圖書
　公司，1997 年。

杜維明《人性與自我修養》，台北，東大圖書公司，1992 年。

吳汝鈞《老莊哲學的現代析論》，台北，文津出版社，1998 年。

屈萬里《尚書今註今譯》，台北，臺灣商務印書館，1969 年。

林安梧《中國宗教與意義治療》，台北，明文書局，1996 年。

俞正榮《中國生態倫理傳統的詮釋與重建》，北京，北京人民出版
　社，2002 年。

唐君毅《人文精神之重建》，台北，台灣學生書局，1974 年台一

版。

唐君毅《人生之體驗》，台北，台灣學生書局，1982 年。

唐君毅《人生之體驗續編》，台北，台灣學生書局，1978 年台再版。

唐君毅《中國人文精神之發展》，台北，台灣學生書局，1974 年。

唐君毅《中國文化之精神價值》，台北，正中書局，1979 年修訂本。

唐君毅《中國哲學原論·原性篇》，香港，新亞研究所，1968 年。

唐君毅《中國哲學原論·原論篇》，香港，人生出版社，1966 年。

唐君毅《生命存在與心靈境界》下冊，台北，台灣學生書局，1977 年。

唐端正《先秦諸子論叢》，台北，三民書局，1981 年。

徐復觀《中國人性論史·先秦篇》，台北，臺灣商務印書館，1969 年。

徐復觀《中國思想史論集》，台北，台灣學生書局，1974 年。

袁保新《老子哲學之詮釋與重建》，台北，文津出版社，1991 年。

高柏園《中庸形上思想》，台北，東大圖書公司，1988 年。

高柏園《孟子哲學與先秦思想》，台北，文津出版社，1996 年。

梁啓超《飲冰室合集》，上海，中華書局，1936 年。

郭　湛《主體性哲學》，雲南，雲南人民出版社，2002 年。

郭沫若《青銅時代》，四川，文治出版社，1945 年。

郭靜晃/等《生命教育》，台北，揚智文化事業股份有限公司，2002 年。

楊祖漢《儒家的心學傳統》，台北，文津出版社，1992 年。

楊克平《癌末病患健康相關生活品質內涵之確認》，台北，行政院國科會 86 年度專題研究計劃，1998 年。

陳　來《古代思想文化的世界 —— 春秋時代的宗教‧倫理與社會思想》，北京，三聯書店，2002 年。

陳郁夫《人類的終極關懷》，台北，幼獅出版社，1995 年。

陳德和《台灣教育哲學論》，台北，文史哲出版社，2002 年。

陳德和《儒家思想的哲學詮釋》，台北，洪葉文化事有限公司，2003 年。

陳政揚《孟子與莊子「內聖外王」研究》，台中，東海大學哲學系博士論文，2003 年。

傅偉勳《死亡的尊嚴與生命的尊嚴》，台北，正中書局，1993 年。

傅偉勳《佛教思想的現代探索》，台北，東大圖書公司，1995 年。

傅偉勳《批判的繼承與創造的發展》，台北，東大圖書公司，1986 年。

傅偉勳《從西方哲學到禪佛教》，台北，東大圖書公司，1986 年。

傅偉勳《學問的生命與生命的學問》，台北，正中書局，1994 年。

勞思光《中國哲學史‧第一卷》，香港，中文大學崇基書院，1968 年。

鈕則誠/等《生死學》，台北，國立空中大學，2001 年。

馮滬祥《中西生死哲學》，台北，博揚文化事業有限公司，2001 年。

馮耀明《中國哲學的方法論問題》，台北，允晨文化實業股份有限公司，1989 年

黃天中《臨終關懷：理論與發展》，台北，業強出版社，1988 年。

黃天中《死亡教育概論》，台北，業強出版社，1988 年。

黃俊傑《孟學思想史論（卷一）》，台北，東大圖書公司，1991 年。

黃俊傑《孟學思想史論（卷二）》，台北，中央研究院中國文哲研究所籌備處，1997 年。

黃俊傑《孟子》，台北，東大圖書公司，1993 年。

黃俊傑《東亞儒學史的新視野》，台北，喜馬拉雅基金會，2001年。

劉　翔《中國傳統價值觀念詮釋學》，台北，桂冠圖書公司，1992年。

劉笑敢《莊子哲學及其演變》，北京，中國社會科學出版社，1993年

蔣　慶《政治儒學 —— 當代儒學的轉向、特質與發展》，北京，三聯書店，2003 年。

蔡仁厚《孔孟荀哲學》，台北，台灣學生書局，1984 年。

蔡瑞霖《宗教哲學與生死學》，嘉義，南華管理學院，1999 年。

鄭曉江《中國死亡智慧》，台北，東大圖書公司，1994 年。

錢　穆《四書釋義》，台北，台灣學生書局，1978 年重印本。

錢　穆《先秦諸子繫年》，台北，東大圖書公司，1986 年台北東大初版。

錢永鎮《生命教育－教孩子走人生的路》，台中，曉明之星，2000年。

江日新主編《中西哲學的會面與對話》，台北，文津出版社，1984年。

李瑞全主編《倫理與生死：亞洲應用倫理學論集》，桃園，國立中央大學，1998 年。

林思伶主編《生命教育的理論與實務》，台北，寰宇出版社，2000年。

楊儒賓、黃俊傑合編，《中國古代思維方式探索》，台北，中央研究院中國文哲研究所籌備處，1995 年。

姜廣輝主編《中國經學思想史》，北京，中國社會科學出版社，2003

年

張淑美主編《中學生命教育手冊 —— 以生死教育爲取向》，台北，
　　心理出版社，2001 年。

陳器文主編《第六屆通俗文學與雅正文學：文學與經學全國研討
　　會論文集》，台北，新文豐出版股份有限公司，2006 年。

劉夢溪主編《中國現代學術經典 —— 傅斯年卷》，河北，河
　　北教育出版社，1996 年

鄭志明主編《儒學與基督宗教對談》，嘉義，南華管理學院，2000
　　年。

鍾昌宏編著《癌病末期安寧照顧 —— 簡要理論與實踐》，台北，安
　　寧照顧基金會。

育達商業技術學院主編《2002 年全國生命教育理論與實務研討會
　　論文集》，苗栗，育達商業技術學院，2002 年。

輔仁大學主編《生命教育與教育革新學術研討會論文集》，台北，
　　輔仁大學，2000 年。

參、外書譯編

柏木哲夫原著，曹玉人譯《用最好的方式向生命揮別》，台北，方
　　智出版社，2000 年。

Carl A. Hammerschlag 原著、汪云譯《失竊的靈魂》，台北，遠流
　　出版社，1994 年。

Daniel Goleman 原著，張美惠譯《EQ》，台北，時報文化出版企
　　業股份有限公司，1996 年。

Paul Tillich 原著，王秀谷譯 《愛情、力量與正義》，台北，三

民書局，1973 年。

Paul Tillich 原著，龔書森、尤隆文譯《系統神學》第一卷，香
　港，基督教文藝出版社，1980 年。

Robert Audi 英文主編，林正弘中文版審訂召集人，王思迅主編
　《劍橋哲學辭典》，台北，貓頭鷹出版社，2002 年。

Viktor E. Frankl 原著，趙可式、沈錦惠合譯《活出意義來》，台北，
　光啓出版社，1967 年。

W.E.Hordern 原著，梁敏夫譯《近代神學淺說》，香港，基督教文
　藝出版社，1971 年。

W.T.Stace 原著，楊儒賓譯《冥契主義與哲學》，台北，正中書局，
　1998 年。

肆、期刊論文

（含總集中之論文）

何福田〈生命教育的由來與重要性〉，《生命教育論叢》，2001 年。

李瑞全〈孟子哲學中「性」一詞的意義分析〉，《鵝湖學誌》第 4
　期，1990 年 6 月。

李瑞全〈儒家之臨終安寧療護之取向〉，《應用倫理研究通訊》第
　8 期，1998 年。

李瑞全〈儒家論安樂死〉，《應用倫理研究通訊》第 12 期，1999
　年。

吳瓊洳〈生命教育課程的設計〉，《台灣教育月刊》第 580 期，1999
　年 3 月。

沈清松〈情意發展與實踐智慧〉，《通識教育季刊》第 5 卷第 7 期，

1998 年 3 月。

周慶華〈儒家與基督宗教的終極關懷 —— 一個對諍性對話的探討〉,《儒學與基督宗教對談》,2000 年。

姜廣輝〈論中國文化基因的形成 —— 前軸心時代的史影與傳統〉,《中國經學思想史》第一卷,2003 年。

段德智〈『不出而出』與『出而不出』—— 論孔子死亡哲學的理論特徵〉,《鵝湖月刊》第 289 期,1999 年 7 月。

胡中宜〈人權與人性尊嚴 —— 談生命教育與生命意義〉,《生命教育》,2002 年。

孫效智〈生命教育的內涵與哲學基礎〉,《生命教育的理論與實務》,2000 年。

孫效智〈生命教育之推動困境與內涵建構策略〉,《教育資料集刊》第 27 輯,2002 年 3 月。

徐蓀銘〈船山在終極關懷上的推故出新〉,《鵝湖月刊》第 338 期,2003 年 8 月。

尉遲淦〈論儒家意義治療的兩重意義〉,《應用倫理研究通訊》第 7 期,1998 年。

連廷嘉〈高級中等學校生命教育課程內涵之分析研究〉,《2002 年全國生命教育理論與實務研討會論文集》,2002 年。

連廷嘉〈悲傷歷程與輔導〉,《國教之友》第 552 期,1999 年 3 月。

張淑美〈漫談生死本一家〉,《中學生命教育手冊 —— 以生死教育為取向》,2001 年。

陳立言〈生命教育在台灣之發展概況〉,《哲學與文化》第 364 期,2004 年 9 月。

陳福濱〈生命教育的倫理基礎〉,《生命教育與教育革新學術研討會論文集》,2000 年。

陳德光〈大學階段生命教育的內涵〉,《生命教育與教育革新學術研討會論文集》,2000 年。

陳德和〈孔子的創造性人文主義〉,《鵝湖月刊》第 291 期,1999 年 9 月。

陳德和〈先秦儒家道德精英主義之義含與疏通〉,《揭諦》第 2 期,2000 年。

陳德和〈論牟宗三對人間道家的哲學建構 —— 以老子思想的詮釋為例〉,《揭諦》第 3 期,2001 年。

陳德和〈儒家思想的生命教育理論 —— 對諍於全人教育論、多元知能論和層次進步論〉,《鵝湖月刊》第 367、368 期,2006 年 1 月、2 月。

陳德和〈孟荀性情說的共法與不共法〉,《第六屆通俗文學與雅正文學:文學與經學全國研討會論文集》,2006 年。

傅偉勳〈論人文社會科學的科際整合探索理念暨理路〉,《佛光學年刊》第 1 期,1996 年。

傅偉勳〈現代儒學的詮釋學暨思維方法論建立課題 —— 從當代德法詮釋學爭論談起〉,《中西哲學的會面與對話》,1984 年。

游惠瑜〈生命教育的哲學意義與價值〉,《逢甲人文社會學報》,第 5 期,2002 年。

鈕則誠〈從科學學觀點考察生死學與應用倫理學的關聯〉,《倫理與生死:亞洲應用倫理學論集》,1998 年。

黃有志〈自殺風潮與死亡教育〉,《新講臺》第 3 期,1999 年 7 月。

黃俊傑,〈孟子思維方式的特徵〉,《中國文哲通訊》,第 1 卷第 3 期,1991 年 9 月。

黃德祥〈生命教育的本質與實施〉,《台灣省中等學校輔導通訊》,第 55 期,1998 年 10 月。

趙可式〈安寧療護的起源與發展〉,《北市衛生雙月刊》第 46 期,
1999 年 6 月。

劉明松〈生命教育之推展〉,《台灣教育月刊》第 580 期,1999 年
3 月。

劉源明〈談生命教育之推展〉,《台灣省中等學校輔導通訊》第 55
期,1998 年 10 月。

蕭宏恩〈由孔子之言天來看臨終關懷的生死情境〉,《輔仁大學哲
學論集》第 36 期,2003 年。

羅秉祥〈儒家的生死價值與安樂死〉,《中外醫學哲學雜誌》第 1
卷第 1 期,1998 年。

龔道平〈儒者的悲願與「聖人」的視界〉,《鵝湖月刊》第 276 期,
1998 年 6 月。

伍、西洋文獻

Ellis, A.（1979）. *Reason and emotion in psychotherapy*（2nd ed.）.
Secaucus, NJ:Citadel ; Plutchick, R.（1984）. A general
psychoevolutionary theory. In K. Scherer, & P. Ekman （Eds.）,
Approaches to emotion （pp.197-219）. Hillsdale, NJ: Erlbaum ;
Dworetsky, J. P.（1985）. *Psychology.* St. Paul, MN: West.

Gardner,H.（1985）. *Frames of Mind*, New York：Basic Books.

Glaser, B. & Strauss, A.（1965）. *Awareness of dying.* Chicago:
Aldine Publishing Company.

Goleman, D.（1998）. *Working with Emotional Intelligence*, New
York:John Wiley & Sons, Inc.

Kubler-Ross, E. （1969）. *On death and dying.* NY: The MacMillan
    Company.
World Health Organization：Cancer Pain Relief and Palliative Care.
    Technical Report Series 804. Geneva：WHO, 1990.